L'ART

DE PEINDRE.

POËME.

DRE

L'ART
DE PEINDRE.
POËME.
AVEC DES RÉFLEXIONS
SUR LES DIFFÉRENTES PARTIES
DE LA PEINTURE.

Par M. WATELET, Associé libre de l'Académie Royale de Peinture & de Sculpture.

A PARIS,

De l'Imprimerie de H. L. GUERIN & L. F. DELATOUR, rue Saint Jacques, à Saint Thomas d'Aquin.

M. DCC. LX.
AVEC APPROBATION ET PRIVILEGE DU ROI.

A MESSIEURS
DE L'ACADÉMIE ROYALE
DE PEINTURE
ET DE
SCULPTURE.

Messieurs,

Vous présenter ces Vers sur l'Art de Peindre, c'est rendre public le juste hommage que je Vous en ai déja offert. Je Vous ai soumis chacun de mes Chants : je Vous consacre aujourd'hui , avec plaifir , le Poëme entier , comme le fruit de l'affociation à laquelle Vous m'avez fait l'honneur de m'admettre. En effet, j'ai trouvé parmi Vous, MESSIEURS, cette émulation , ces connoiffances & cette communication facile qui rendent les Sociétés fatisfaifantes pour le cœur & pour l'efprit.

Qu'il me foit permis de retracer , un moment, le point de vue fous lequel s'eft préfentée à moi cette Union Académique de Talents nombreux qui honorent la Nation.

C'eft dans de vaftes Sallons deftinés à la demeure des Rois , voués aux Mufes par Colbert , enrichis & couverts de chef-d'œuvres de Peinture & de Sculpture des le Brun , des le Sueur , des Pouffin ; des Girardon , des Coifevaux , des Couftout, &c, que vous vous réuniffez : Vous, MESSIEURS, qui êtes les fucceffeurs des Talents de ces grands Hommes , les héritiers de leur gloire , & dont je rappellerois ici les noms , fi ce n'étoit à Vous-même que je m'adreffe, & fi je ne connoiffois auffi-bien votre modeftie que vos talents.

C'eft dans ce Louvre , fous les aufpices d'un Roi bienfai-fant , qui , aux faveurs dont il a comblé les Arts , a ajouté celle de fe rendre votre Protecteur immédiat , que Vous guidez tous les jours ces Enfants d'adoption que Vous élevez pour les Talents , que Vous les encouragez dans leurs efforts , que Vous les inftruifez par des confeils & des exemples.

Enfin, c'est-là que chaque année, lorsqu'ils ont fini la carriere que vous leur avez prescrite, Vous voyez avec le plus vif intérêt & la plus tendre complaisance un Chef [a] *juste & éclairé dans son administration, occupé du soin de former ou d'accomplir des projets* [b] *honorables ou utiles, de donner des distinctions aux Talents qu'il dirige, & au mérite qu'il respecte : Vous le voyez, dis-je, distribuer à une foule de jeunes Artistes ces prix qui excitent & récompensent leurs travaux.*

[a] M. le Marquis de Marigny.

[b] La Restauration du Louvre.

C'est sans doute à ces louables exemples, à ces instants d'émulation que je dois le projet & l'exécution d'un Ouvrage que je vous prie d'agréer comme une preuve des sentiments que je vous ai voués.

Je suis avec respect,

MESSIEURS,

Votre très-humble & très-obéissant Serviteur,

WATELET.

DISCOURS

DISCOURS PRÉLIMINAIRE.

En commençant l'Ouvrage que je soumets au jugement du Public, je ne me flatois pas qu'il vît jamais la lumiere. Je cherchois, en le composant, à nourrir mon goût naturel pour les Arts, & à occuper les loisirs d'une vie assez retirée, à laquelle mon penchant & les soins d'une santé délicate m'ont fixé. L'espérance d'être de quelque utilité aux jeunes Artistes qui se destinent à la Peinture, me détermine aujourd'hui à publier cet assemblage de préceptes que j'ai tâché d'orner par les charmes de la Poésie.

J'ose donc assurer que, si je laisse paroître mon Ouvrage, ce n'est pas pour satisfaire un desir de réputation, qui seroit sans doute peu fondé ; mais j'avoue avec franchise que je ne suis point indifférent sur son fort. Je n'ai pas cette insensibilité peu naturelle & souvent affectée, qui se prétend au-dessus du blâme & de la louange, des mortifications & des récompenses. J'aurai la foiblesse d'être sensible à l'approbation, si je la mérite : j'aurai le courage de tourner au profit de mon efprit & de ma raifon les jugements équitables qu'on portera fur mes travaux ; & fans demander une indulgence qu'il n'eft pas au pouvoir du Public d'accorder, je fouhaite feulement qu'il fe rappelle, en lifant mes Vers, que je ne mets aucune prétention indifcrette à les avoir faits.

APRE's cette expofition de ma façon de penfer, que je me permets parce qu'elle eft fincere, je vais entrer dans quelques détails de l'Ouvrage. Je ne connois pas dans notre Langue de Poëme Didactique fur l'Art de la Peinture. Les Vers que Moliere a compofés à l'occafion du plafond du Val-de-Grace, peint par Mignard, font un éloge des travaux de fon ami. Je ne dirai rien de la façon dont les détails de l'Art y font traités. Moliere étoit incomparablement mieux inftruit de la marche du cœur humain & des fecrets fentiments que dicte la Nature, que des procédés des Arts. Il paroîtroit de l'affectation à m'étendre fur cette production d'un Auteur devenu immortel par tant d'autres.

LE PLAN que j'ai choifi diftingue mon Poëme de deux Ouvrages Latins qui ont pour objet la Peinture, auxquels j'offre ici, avec plaifir, le tribut de louange qui leur eft dû.

L'un profond, nerveux, auſtere, eſt le Poëme de l'illuſtre du Frenoy. Peintre & Poëte, il a réuni, dans un ſeul livre, toutes les parties d'un Art dont il exerçoit la pratique & dont il connoiſſoit parfaitement la théorie. L'autre élégant, harmonieux, fleuri, parcourt d'un vol leger, mais avec juſteſſe, les préceptes de la Peinture. Le premier, plus rempli du fond du ſujet que des charmes du ſtyle, ſemble devoir à ſon amour pour l'Art qu'il traite, le talent des Vers. Le ſecond, né Poëte, ſaiſit avec intelligence, & met en œuvre, avec une grace particuliere, tout ce qui peut embellir ſes idées & ſes expreſſions.

Si du Fresnoy & M. l'Abbé de Marſy euſſent enrichi la Poéſie Françoiſe des Poëmes qu'ils ont conſacrés aux Muſes Latines, je n'aurois pas hazardé de fournir une carriere difficile, dans laquelle une double victoire n'auroit plus laiſſé de lauriers à cueillir.

Il me reste à dire un mot d'une reſſemblance de genre qui me fait craindre, qu'on ne ſoumette l'Art de Peindre à une épreuve dangereuſe, en le comparant à l'Art Poétique de Deſpreaux. Si l'on en vient à ce parallele, ſi l'on compare mon Poëme avec celui du rival d'Horace, il n'eſt point indifférent pour moi qu'on ſache qu'en compoſant des Vers, j'ai toujours conſulté Boileau comme un maître ; & qu'en les publiant, je le regarde comme un juge. C'eſt par cet aveu ſeul que j'eſpere me mettre à l'abri des ſuites peu favorables d'un parallele déſavantageux.

QUANT aux diviſions de mon plan, un ordre naturel les a produites. Le premier Chant préſente une idée générale de l'Art de la Peinture, qui doit ſans doute ſon exiſtence au deſir d'imiter ce qui paroît digne d'admiration. La diviſion des parties qui conſtituent cet Art, s'offre enſuite ; & cette diviſion eſt celle qu'ont établie les meilleurs Auteurs qui ont traité de la Peinture. Le Deſſein eſt l'étude & l'imitation des formes des corps ; elle devoit précéder la couleur, parce qu'on peut étudier & imiter les formes des corps, indépendamment de leurs couleurs. Le Deſſein a donc obtenu le premier rang dans l'ordre de mes Chants, & la Couleur occupe le ſecond.

APRE'S le Deſſein & la Couleur, qui appartiennent plus à la pratique de l'Art de Peindre, qu'à ſa théorie, j'ai traité les parties dans leſquelles l'eſprit & l'ame ont

autant de part que les yeux & la main. Ainſi le troiſieme Chant eſt conſacré à l'Ordonnance, que les Peintres appellent Invention pittoreſque, & le quatrieme à
l'Expreſſion qu'ils connoiſſent ſous celui d'Invention
poëtique. Cette derniere partie, connue des ames ſenſibles, étoit, ſans contredit, la plus difficile à traiter.
Quels préceptes donner, en effet, ſur ce qui ne peut
pas ſe démontrer? Comment régler le vol rapide du
Génie qui doit atteindre le but, au même inſtant qu'il
l'a fixé? J'étois arrêté par cette réflexion, capable d'intimider, lorſque le Mouvement qui agit ſans ceſſe
dans tous les êtres, ſe préſenta à moi comme le caractere le plus noble des ouvrages de la Nature, &
par conſéquent comme la ſource où l'Artiſte de génie
doit puiſer toutes les beautés de l'Expreſſion. Je me
ſuis arrêté à ce ſentiment; & renonçant à la marche
didactique, je n'ai fait du quatrieme Chant qu'une
ſuite d'images relatives à cette idée.

HEUREUX, ſi elles ne paroiſſent pas trop au-deſſous
du ſujet qui les a fait naître! Heureux encore, ſi mon
Ouvrage développe aux jeunes Artiſtes les idées d'un
Art difficile, & ſi j'applanis la route qu'ils entrepren-
nent pour la gloire de la Nation! Heureux enfin, ſi

au plaiſir d'avoir employé mes loiſirs à quelque choſe d'agréable à mes Concitoyens, je joins le bonheur de mériter leur eſtime ! Avantage plus précieux & plus deſirable que la réputation qu'on peut acquérir par les Talents.

TABLE

DE CE QUI EST CONTENU DANS CE LIVRE.

DISCOURS PRÉLIMINAIRE.   *Page* ix

*Explication du Frontispice , du Fleuron , des Vignettes
& Culs-de-lampes employés dans cet Ouvrage.*   xvij

L'ART DE PEINDRE, POEME.

PREMIER CHANT. *Le Deffein.*   3
SECOND CHANT. *La Couleur.*   17
TROISIEME CHANT. *L'Invention pittorefque.*   35
QUATRIEME CHANT. *L'Invention poétique.*   49

RÉFLEXIONS SUR LES DIFFÉRENTES PARTIES DE LA PEINTURE.

Des Proportions.   67
  *Premiere variété des Proportions produite par les différences
    d'âge.*   70
  *Différence de Proportions occafionnée par la différence du
    fexe.*   71
De l'Enfemble.   79

De l'Equilibre ou Pondération ; & du Mouvement des Fi-
gures. 89

De la Beauté. 97

De la Grace. 103

De l'harmonie de la Lumiere & des Couleurs. 109

De l'Effet. 119

De l'Expreſſion, & des Paſſions. 123

Fin de la Table.

EXPLICATION

EXPLICATION

*Du Frontispice, du Fleuron, des Vignettes &
Culs-de-lampes employés dans cet Ouvrage.*

Le Frontispice repréfente le Génie qui rend hommage aux Mufes de la Poéfie & de la Peinture, en leur pré-
fentant un rouleau fur lequel eft le titre de l'Ouvrage. Les
Mufes font caractérifées par les attributs qui leur conviennent;
elles font ornées d'une guirlande de fleurs. Cette guirlande
les unit l'une à l'autre, pour défigner que l'uniformité de
leurs principes doit les rapprocher inceffamment, & que les
mêmes ornements leur conviennent. Les rayons qui forment
le fond de la compofition font connoître auffi, que les Mufes
doivent, en fuivant les traces du Génie, s'élever avec lui
dans un ciel pur & fans nuages.

Le Fleuron du Titre offre une Figure qui médite. A fes
pieds eft le Coq, fymbole de la vigilance. Cette Figure repréfente l'Etude; & l'Etude eft la bafe & le principe des Arts.

Les Vignettes & les Culs-de-lampes qui ornent les
quatre parties du Poëme ont rapport au fujet de chacun des
Chants.

c

Dans la premiere Vignette, une Femme, qui repréſente l'étude du Deſſein, préſide à une école de petits Génies qui deſſinent d'après le Torſe antique.

Le Cul-de-lampe repréſente ces mêmes Enfants occupés à réſoudre, ou à mettre en pratique un problême de Perſpective.

Dans la ſeconde Vignette, on voit la Muſe de la Peinture occupée à imiter, d'après nature, ces Effets brillants & lumineux que produit le ſoleil tempéré par des nuages.

Le Cul-de-lampe repréſente des Enfants qui préparent la palette, diſpoſent une toile, & broyent les couleurs.

La troisieme Vignette offre l'image d'une Femme qui médite profondément; ſon attitude eſt ſévere: les Génies qui ſont près d'elle s'occupent à la lecture: on apperçoit une bibliotheque dans le fond. Cette allégorie déſigne la partie qu'on nomme l'Ordonnance ou la Compoſition pittoreſque. C'eſt de toutes les parties de la Peinture, celle où le jugement, la réflexion & la lecture ont le plus de part.

On a caractériſé quelques-uns des principaux genres de compoſition, tels que l'Héroïque & le Paſtoral, dans l'ornement de la fin du Chant.

Dans la quatrieme Vignette, la Peinture plus étroitement liée au Génie, s'éleve avec lui, & dirige ſa courſe vers le ſommet du Parnaſſe.

Un Génie qui répand les couronnes que les Mufes deftinent aux Talents qu'elles avouent, forme le dernier ornement du Poëme.

O*N* *VOIT* *ENSUITE*, à la tête de chaque fection des Réflexions, des Vignettes dont la compofition préfente un Médaillon. Ce Médaillon offre le portrait d'un des Peintres fameux, qui a le plus réuffi, dans la partie qui fait le fujet de chaque divifion.

E*N* *FIN* on trouve dans cette même fection des Réflexions la repréfentation au *trait* de deux Figures antiques, fameufes par la beauté des Proportions : ces figures font la Vénus de Médicis & l'Antinoüs. On y a indiqué, par des lignes & des lettres, les mefures & les principales dimenfions des parties du corps, pour en donner une idée générale à ceux qui n'ont point occafion de s'inftruire de ces détails.

T*OUTES* ces compofitions ont été deffinées par un Artifte dont le génie facile, fécond & poétique a fait voir dans fes Ouvrages * ce qu'eft l'Art de Peindre, lorfque la théorie la plus favante fe joint à la pratique la plus heureufe : le defir de m'inftruire m'a fait hazarder de graver, fous fes yeux, ce que fon amitié, fon génie & fon goût lui avoient infpiré pour l'embelliffement de mon Ouvrage.

* Les Plafonds de Saint Roch, du Palais Royal, &c.

L'ART

L'ART

DE PEINDRE.

POËME.

L'ART DE PEINDRE.

POËME.

xxxxxxxxxxxxxxxxxxxxxxxxxxxxxxxxxxxxxxxxxxxxxxxxxxxxx

PREMIER CHANT.

LE DESSEIN.

JE CHANTE l'Art de Peindre: ô Vénus-Uranie [a],
Seconde mes travaux, inspire mon génie;
Laisse-moi pénétrer dans le Temple des Arts.
Lumiere des Talents, découvre à mes regards

[a] Ciceron distingue quatre Vénus, du nombre desquelles est *Vénus-Uranie* ou *Céleste*. Cette Déesse est prise ici pour celle qui a pour objet de ses soins la perfection de l'Univers.

Ce concours de tes dons, cet Accord, cet Enfemble;
Objet des goûts divers, centre qui les raffemble,
Immortel attribut de la Divinité,
Dont l'effet eft l'amour, & le nom la Beauté[b].

C'eft toi qui la répands fur la nature entiere :
Chaque jour, fur le char du Dieu de la lumiere,
Elle embrafe les Cieux, & colore les airs ;
L'œil étonné l'admire au vafte fein des mers :
Elle naît fous nos pas, une fleur la recele ;
De chaque être elle emprunte une forme nouvelle ;
Et pour la reproduire encor, fous mille traits,
Tu veux que les mortels imitent fes attraits.

De-là ces nobles foins, ces efforts pour l'atteindre,
Ces talents enchanteurs, l'art des Vers, l'art de Peindre :
Tu les créas pour nous, ô célefte Vénus !
C'eft à toi d'expliquer leurs fecrets peu connus :
Qu'aux charmes de ta voix, qu'aux accords de ta lyre ;
La Paix, l'heureufe Paix reprenne fon empire ;
Enchaîne la Difcorde ; & qu'au fond des Enfers,
Le Démon des combats gémiffe dans les fers :
Calme les Dieux armés, & la foudre qui gronde :
D'un feul de tes regards, fais le bonheur du monde.

---

[b] Il s'agit ici de la beauté en général, regardée comme perfection ; l'amour qui en eft l'effet, eft ce fentiment univerfel qu'excite la perfection, partout où elle fe laiffe appercevoir.

Et s'il eſt un ſéjour digne de tes bienfaits,
Daignes ſur ma Patrie en verſer les effets.
Dans ces climats chéris, où j'ai pris la naiſſance,
Établis à jamais ton culte & ta puiſſance ;
Guide un Peuple inconſtant qui né pour t'adorer ;
Docile, mais leger, ſe plaît à s'égarer :
C'eſt à toi de briſer un joug qui l'humilie,
Un monſtre ſéduiſant qu'enfante la folie,
Qu'entraîne le caprice, & que le peuple fuit,
Qui dans un même inſtant meurt & ſe reproduit :
La Mode, objet des ſoins de l'oiſive ignorance,
Uſurpe tes honneurs, énerve ta puiſſance :
Viens diſſiper l'erreur ; que nos yeux ſoient ouverts ;
Que la raiſon, le goût regnent dans l'Univers.

Mais, tu m'entends : déja ton ſoufle qui m'anime,
Fait plier, ſous le ſens, la cadence & la rime.
Tu conduis mon eſprit ; & ce n'eſt plus ma voix,
C'eſt toi-même, Vénus, qui vas dicter des loix.

Vous qu'un ſecret deſir d'imiter la nature,
Dans l'empire des Arts, attache à la Peinture :
Vous, qui brûlez d'offrir à mes yeux ſatisfaits,
Les formes, les couleurs, les plans & les effets ;

D'un penchant qui vous flatte examinez la source ;
Le defir , fans talents, offre peu de refource :
Il faut être né Peintre ; & ce don précieux ,
Comme celui des Vers , eft un préfent des cieux.
De l'Art que vous fuivez la carriere eft immenfe ;
Ofez la mefurer : tout eft en fa puiffance.
Par fon génie actif embraffant l'Univers ,
L'Artifte fe foumet les Eléments divers ;
Des Temples , des Palais il perce les myfteres ;
Surprend les paffions , fonde les caracteres ,
Honore les vertus , & confacre les traits
Des Héros , dont l'hiftoire éternife les faits.

C'eft à ces grands objets que s'efforce d'atteindre
Celui qu'un penchant noble entraîne à l'Art de Peindre :
Avec choix, il parcourt les annales des temps [c] ;
Au récit des vertus, des exploits éclatants ,
Il s'émeut ; il s'enflamme : un célefte délire
Réalife à fes yeux chaque trait qu'il admire :
Il voit tout exifter ; & nouveau créateur ,
De l'Art qui le contraint accufe la lenteur.

Mais, ce n'eft pas affez que fier, naïf ou tendre
Le fentiment l'arrête au fujet qu'il doit prendre :

[c] Quoiqu'il n'y ait pas de genre dans l'Art de la Peinture qui n'ait un mérite recommandable ; cependant, le genre de l'Hiftoire eft celui qui contribue le plus à enrichir cet Art , & qui demande le plus de génie & de connoiffances.

Le génie éveillé, lorfque le choix eft fait,
Doit fe l'approprier, créer l'ordre & l'effet ;
Des objets bien conçus fixer la jufte place;
Leur donner à propos & la force & la grace;
Et pour les animer, s'élevant jufqu'aux Dieux,
Ravir le feu facré renfermé dans les Cieux.

Ce n'eft pas tout encor; il faut que l'entreprife
A des moyens prefcrits, aux regles foit foumife :
Le Tableau qu'a penfé l'efprit trop plein de feu,
De l'Artifte éclairé n'a pas toujours l'aveu.

L'Invention eft double; & par des loix aufteres,
La pratique de l'Art foumet à fes myfteres
Le Poëte qui veut, la palette à la main,
Enfanter à nos yeux ce qu'il fent de divin.

Des deux Inventions, dans l'ordre didactique,
L'une eft donc pittorefque, & l'autre eft poëtique.
Pour fe produire aux fens, toutes deux ont recours
A l'accord des couleurs, des ombres & des jours;
Et le ton nuancé n'obtient fa jufte place,
Qu'en fuivant les contours que le Deffein lui trace.

Le Deffein a pour but d'imiter, par le Trait,
La forme qu'à notre œil préfente chaque objet.
Qu'au reflet d'une eau pure il doive la naiffance;
Ou, que, pour adoucir les regrets de l'abfence,

La tendre Dibutade[d], inftruite par l'Amour,
D'une ombre paffagere ait fixé le contour;
Qu'importe au jeune Artifte une recherche vaine!
Formez vos yeux, réglez votre main incertaine:
Deffinez, effacez, & deffinez encor;
Qu'un travail affidu prépare votre effor;
Qu'il aide à fupporter la longue tyrannie
Qu'exerce le Deffein même fur le génie.

De la partie au tout, il exifte un accord;
Les membres ont entr'eux un mutuel rapport:
L'*Enfemble* des objets eft leur forme prefcrite;
L'œil jufte l'apperçoit, l'œil exercé l'imite;
Et le crayon leger, pour en fixer l'effet,
Rend, par un trait précis, cet Enfemble parfait.

Il eft, n'en doutez point, il eft un caractere,
Un beau fimple & frappant que l'artifice altere:
Heureux qui le faifit! il fait l'art de charmer;
Mais qu'on le fent bien mieux, qu'on ne peut l'exprimer!

L'Egypte, en fes travaux induftrieufe & fage,
De ces fimples beautés jadis traça l'image:
De ce peuple inventeur les foins laborieux,
Imparfaits cependant, n'ont tranfmis à nos yeux

---

[d] Dibutade, fille d'un Potier de terre, voyant, à regret, fon amant prêt à fe féparer d'elle, en traça la reffemblance, en fuivant avec un charbon la forme des Traits que fon ombre repréfentoit fur un mur,

Que

Que l'ébauche d'un Art, qu'en fon fein il vit naître :
Un peuple plus heureux le fit ce qu'il doit être.
Le Grec chéri des Dieux, admiré des mortels,
Aux Arts, comme aux vertus, éleva des autels.
On vit Corinthe, Athènes, Ephèfe, Sycione,
Des talents ennoblis, difputer la couronne ;
Et ces rivaux fameux, de la nature épris,
Apelles, Paufias, Parrafius, Zeuxis,
Par les travaux divins qu'ils furent entreprendre,
Illuftrer à jamais le fiecle d'Alexandre.

Cependant, ô rigueur des deftins ennemis !
Le temps aveugle & fourd, à qui tout eft foumis,
Outragea fans refpect ces fameufes merveilles :
Leur nom feul attefté frapperoit nos oreilles ;
Ils n'exifteroient plus ces chef-d'œuvres humains,
Si le luxe des Grecs n'eût féduit les Romains.

Mais, par fes grands exploits de l'Univers maîtreffe,
Rome envia les fruits que cultivoit la Grece.
Les talents affervis captivant leurs vainqueurs,
Du Romain belliqueux adoucirent les mœurs :
Chez un peuple étranger qu'avoient dompté fes armes,
Des plaifirs de l'efprit il reconnut les charmes.
Voluptueux alors ; pour tromper fes loifirs,
Il fit fervir les Arts aux foins de fes plaifirs.

B*

Ces trois filles des Cieux, l'utile Architecture,
La Muse que je chante, unie à la Sculpture,
Par des Artistes Grecs rétablis dans leurs droits,
A Rome triomphante imposerent des loix;
De Palais mieux ornés montrerent des exemples;
De Dieux mieux frabriqués repeuplerent les Temples:
Jupiter au vulgaire imposa par ses traits;
Vénus eut plus d'encens, lorsqu'elle eut plus d'attraits:
Et le Romain instruit, riant d'un vain hommage,
Adora moins le Dieu, qu'il n'admira l'image.

　　Après ces jours brillants du siecle des Céfars,
On vit dégénérer les vertus & les Arts.
Ces fiers mortels pliés au joug de l'esclavage,
Des vices effrenés éprouvant le ravage,
Se virent entraînés, par la perte des mœurs,
Des Arts à l'ignorance, & du crime aux malheurs.
Enfin, fous ses tyrans dégradée, avilie,
A son fort malheureux lorsque Rome asservie
Fut en proie aux erreurs, au defordre, aux forfaits;
Le Nord lança la foudre, & vengea ces excès.
Une foule barbare, avide de carnage,
Sur les vainqueurs du monde assouvissant sa rage,
Sous leurs palais détruits accabla ces mortels,
Et leurs Arts, & leurs Dieux, fous leurs propres autels.

Muſes, filles du Ciel, ô Muſes dont les charmes,
Dont le pouvoir divin diſſipent nos allarmes;
Comment, loin des horreurs de ces funeſtes lieux,
N'avez-vous pas repris votre eſſor vers les Dieux!
Comment de nos fureurs innocentes victimes,
N'avez-vous pas livré l'homme en proie à ſes crimes!
Mais vous aviez prévu des ſiecles plus heureux:
Des Princes bienfaiſants devoient combler vos vœux.
Vous vintes enlever, à l'aide des ténèbres,
Au ſoldat deſtructeur ces chef-d'œuvres célèbres;
Tréſors que Raphaël, avide de ſuccès,
Déterra pour guider ſes rapides progrès;
Lorſqu'oſant pénétrer dans des cavernes ſombres,
De la Grece & de Rome il évoqua les ombres.

Artiſtes qui craignez de marcher au hazard,
Conſultez, comme lui, ces maîtres de votre Art.
Puiſez dans leurs travaux cette grandeur des formes,
Ces graces, ces beautés au vrai toujours conformes;
Ces contours expreſſifs, ſans être exagérés,
Et ces juſtes rapports connus & démontrés.

A la figure entiere il faut dans ſa portée,
De ſa tête huit fois la grandeur répétée.
C'eſt ainſi qu'Apollon, l'oracle des Beaux-Arts,
Le preſcrit à l'Artiſte, en charmant ſes regards.

Ainſi, lorſque Vénus[e], dans Florence admirée,
Permet de ſes beautés l'étude comparée;
Pour fixer ces calculs que l'Art oſe exiger,
Elle offre à vos regards, ce qu'au fameux Berger
Elle montra d'attraits, pour aſſurer ſa gloire;
Lorſqu'à ſa beauté ſeule elle dut la victoire.

Les deux bras donneront, étendus ſans efforts,
Une largeur égale à la longueur du corps.
N'allez pas cependant à cette exactitude
Borner de l'art du *Trait* la difficile étude.
Par des calculs précis l'*Enſemble* confirmé,
S'il n'eſt point élégant, n'eſt qu'à demi formé.

Voyez, par cent détours, dans la plaine fleurie,
Serpenter le ruiſſeau qui baigne une prairie.
Conſidérez la flamme, alors qu'un doux zéphir
A ſon ſoufle la fait mollement obéir;
Du contour élégant c'eſt la fidelle image :
Graces, qui peut, ſans vous, en acquérir l'uſage!
Sacrifiez, Artiſte, aux trois divines Sœurs :
Vous ſéduirez les ſens, vous toucherez les cœurs.

---

[e] La Statue antique connue ſous le nom de *Vénus de Médicis*, qu'on voit à Florence, & celle d'Apollon qui ſe conſerve à Rome dans la partie du Palais du Vatican, appellée *Belvedere*, dont il eſt fait mention au bas de la page précédente, raviſſent tous ceux qui les examinent, & font le deſeſpoir de ceux qui les copient.

Mais il faut, avant tout, par des foins plus aufteres,
De nos refforts fecrets dévoiler les myfteres;
Sur la nature même établir le vrai Beau,
Et de l'Anatomie emprunter le flambeau.

Le fcalpel à la main, voyons ce que renferme,
Sous fon léger tiffu, le plus fin épiderme.
Démontons ces leviers, dont nos efprits fubtils
Réglent les mouvements; démêlons tous ces fils,
Que leur combinaifon, que leur force deftine
A faire, au gré des fens, mouvoir notre machine.
Par fon infertion à l'os le mufcle eft joint,
Nos mouvements réglés partent tous de ce point.
Le mufcle contracté leur donne la naiffance:
Des efprits réunis la mobile puiffance
Le gonfle, & l'accourcit du tiers de fa longueur:
Sa forme prononcée exprime la vigueur.
Rendu moins apparent, voyez comme l'antique,
Dans un corps délicat, le dérobe & l'indique.
Tel on voit de Vénus le corps fouple & liant
Offrir le doux afpect d'un contour ondoyant;
Tandis que du Dieu Mars la moindre fibre exprime
Et la force & l'audace & le feu qui l'anime.

Mais, de l'Anatomie éludant le fecours,
Ofez-vous murmurer, & par de vains détours,

A fa profonde étude oppofer pour obftacle,
Le dégoût ou l'horreur que produit fon fpectacle?
Hé bien : fuyez la peine : à votre aveugle main,
Efclave du hafard, foumettez le Deffein.
Profanez le Talent, altérez-en la fource ;
Et qu'un portrait obfcur, votre unique reffource ;
Ou d'un char bigarré les fantafques paneaux
Soient le champ glorieux de vos heureux travaux.

Chez un peuple léger, le caprice & la mode
Tracent au mauvais goût un fentier trop commode.
L'Artifte, au faux éclat d'un fuccès paffager,
S'y précipite en foule, & s'y laiffe engager.
Voyez s'évanouir cette foule trompée.
Loin d'elle, ofez franchir une route efcarpée.

A peine aurez-vous fu la ftructure des corps,
Mefuré chaque membre, & fondé fes refforts ;
Qu'un compas à la main, & la regle pour guide,
Il faudra, s'arrêtant fur les traces d'Euclide,
Démontrer à quel point la diftance des lieux
Déguife, en nous trompant, les objets à nos yeux.
Du Géometre exact que la main méthodique
D'un travail trop aride abrege la pratique.
Il fait d'un plan donné, connoiffant les grandeurs,
De l'effet perfpectif calculer les erreurs ;

Fixer, dans un corps rond, ce qui doit être fombre,
Ce qu'il reçoit de jour, ce qu'il portera d'ombre,
En fuppofant un point, d'où vous ferez partir
Les rayons dont l'effet doit vous affujettir.

Qu'au milieu de ces foins, un goût toujours aimable
Vous montre, en chaque objet, un afpect favorable.
Le crayon délicat qu'un heureux choix conduit,
Dérobe fes défauts au regard qu'il féduit.

D'un raccourci bizarre, effort de perfpective,
Hazardez rarement l'ingrate tentative.
Il faut être compris fans démonftration :
Un choix mal entendu détruit l'illufion.
Vous vouliez m'étonner : le fuccès eft contraire :
Il vous en eût coûté moins d'effort pour me plaire.

Ma Mufe cependant ne prétend point ici,
D'un Art fait pour tromper, bannir le raccourci.
Quelqu'objet qu'on imite, il y trouve fa place.
Tout corps horizontal raccourcit fa furface ;
Et cet afpect trompeur, qui refferre les plans,
Les unit, les confond, les rend moins apparents.
Il faut, pour retracer ce jeu de la nature
Que les yeux fatisfaits approuvent l'impofture.

Mais, pour exécuter un fi hardi projet ;
Si pour fixer l'efpace, il faut avec le Trait

Exprimer auffi l'air, qui feul de la diftance
Décide à nos regards la diverfe apparence,
Quel moyen prendrez-vous ? Quel eft votre recours ?
Quel Dieu vous prêtera fon utile fecours ?
Le Dieu qui parcourant fa brillante carriere,
Colore l'Univers & répand la lumiere.

    Mais, prête à dévoiler ces effets éclatants,
Pour un inftant, ma Mufe, interrompez vos chants.

Fin du Premier Chant.

SECOND CHANT.

LA COULEUR.

J'AI CHANTÉ le Deffein : Vénus étoit mon guide ;
Et c'eft par fon fecours que, fur ce fond aride,
J'ai, d'une main tremblante, ofé femer des fleurs :
Je vais chanter auffi le charme des Couleurs.
De leur illufion intariffable fource,
Aftre qui les répands, viens diriger ma courfe :
Apprends-moi, Dieu brillant, comment du haut des airs,
Chaque jour, à mes yeux, tu produis l'Univers ;
Comment, à chaque inftant, par un nouveau miracle,
Des objets éclairés tu changes le fpectacle :

C

Et ne t'offenſes pas , ſi l'Art audacieux
S'élevant juſqu'à toi , veut s'égaler aux Dieux.

    L'Artiſte , en colorant , doit , ſur une ſurface,
Imiter la lumiere , & peindre aux yeux l'eſpace.
Cependant , ſi l'on doit , pour former des accords,
Analyſer les ſons , pénétrer leurs rapports :
Si , dans chaque Science , il eſt une méthode
Qui trace , par degrés , une route commode :
A l'ordre didactique aſſerviſſant ma voix,
De principe en principe établiſſons des Loix.

    L'Aſtre de la lumiere eſt la ſource infinie
Du rythme pittoreſque , & de ſon harmonie :
Par l'effet des rayons qu'il lance dans ſon cours,
Tout objet offre aux yeux des ombres & des jours.
Cependant , chaque corps marqué de *jour* & d'*ombre* ,
Porte en ſoi ſa couleur : elle eſt brillante ou ſombre ;
La lumiere en accroît l'éclat & le degré ;
Mais , la couleur eſt propre à l'objet éclairé.

    Votre Art vous preſcrit donc ces deux loix principales :
Imitez , en peignant , & les couleurs locales ,
Et ce parfait accord qu'aux objets différents
Le jour ou l'ombre donne , en raiſon de leurs plans.
Le rayon dans ſa marche & prompte & réguliere .
Doit , ſous un angle égal , réfléchir ſa lumiere :

Ce principe établi devient un guide sûr,
Et votre Art lui donna le nom de *Clair-obscur*.
Ce que cette loi simple a droit de vous prescrire,
Pour l'ajouter au trait, deux tons peuvent suffire;
Le blanc indiquera les jours de chaque objet,
Et des ombres le noir imitera l'effet.
Du rayon de lumiere observez l'incidence,
De l'angle qu'il décrit suivez chaque nuance;
Fixez-en les degrés; distinguez par ces soins,
Et les corps les plus clairs, & ceux qui le font moins.

   Des objets éloignés considérez la teinte:
L'ombre en est adoucie, & la lumiere éteinte.
Vous rassemblez envain tous vos rayons épars;
Le but trop indécis échappe à vos regards:
Le terme qui les fixe a-t-il moins d'étendue?
Chaque nuance, alors un peu moins confondue,
Développe à vos yeux, qui percent le lointain,
D'un Clair-obscur plus net l'effet moins incertain.
D'un point plus rapproché, vous distinguez des masses;
Votre œil plus satisfait mesure des surfaces.

   Déja près du foyer, les ombres & les jours,
Se soumettant au trait, décident les contours;
Enfin, plus diaphane, en un court intervalle,
L'air n'altere plus rien de la couleur locale:

Vous la recevez pure, & vous voyez alors
Ce vif éclat des tons, l'objet de vos efforts.

C'eſt ainſi que formant l'ordre de ſes ouvrages,
La Nature a tout joint par les plus fins paſſages :
Toujours d'un genre à l'autre on la ſent parvenir,
Sans jamais en voir un, commencer ou finir ;
Le terme eſt incertain, le progrès inſenſible :
Nous voyons le tiſſu, la trame eſt inviſible.

Tel eſt l'ordre des corps : tel ſe montre à nos yeux
Des effets nuancés l'accord harmonieux.
La lumiere docile à la loi qui l'entraîne,
D'une diſtance à l'autre établit une chaîne.
Chaque ton de couleur à nos regards offert,
Dans celui qui le joint, ſe confond & ſe perd.

Mais, quelle eſt de ces tons l'origine immortelle ?
C'eſt cet aſtre brûlant, qui ſans ceſſe étincelle.
Des faiſceaux de rayons, de ſon diſque émanés,
Offrent, en ſe briſant, à nos yeux étonnés
De ſept tons primitifs les couleurs aſſorties,
Et de ces tons mêlés les douces ſympathies.
Voyez-les tous briller dans cet arc radieux,
Dont l'éclat réfléchi peint la voûte des Cieux.
Voyez-les obéir au ſavant méchaniſme
De l'immortel Newton qui les ſoumit au Priſme :

Ou plutôt, respectant ces sublimes secrets,
Ignorez leur essence, & peignez leurs effets.

En moyens différents l'art des couleurs abonde;
Il puise ses trésors dans l'un & l'autre monde.
Les plantes, les cailloux, les terres, les métaux
Se disputent le droit d'émailler vos Tableaux.

N'allez pas cependant, séduits par l'apparence,
Sur un charme trompeur fonder votre espérance:
Un brillant passager, qui bientôt se détruit,
D'un choix mal entendu trop souvent est le fruit.

Du regne végétal craignez l'éclat perfide:
Le minéral enfante un coloris solide.
Il semble que de l'un les fragiles couleurs
Recélent un serpent sous leurs brillantes fleurs:
Un plus durable accord naît de l'autre principe;
A sa solidité la couleur participe;
Le soin de votre nom doit vous la faire aimer.
Le temps que la nature employe à la former,
Vous est, pour l'avenir, garant de sa durée.

Créez donc de lapis une voûte azurée;
Qu'un cinabre éclatant emprunté du métal,
Distingue, s'il le faut, votre objet principal:
Que l'ocre & l'outremer, mêlés dans vos feuillages,
Conservent la beauté de vos frais paysages;

Et qu'en les colorant, votre prudente main
Les préferve avec foin du dangereux orpin.

Ainfi, par fon flambeau, l'expérience utile
Guide & foutient les pas de l'Artifte docile.
Nés, par un fort heureux, dans un fiecle éclairé,
Vous jouiffez d'un champ fertile & labouré.
Des Sciences, des Arts la gloire répandue
Réunit leurs efforts, accroît leur étendue.
Pour fe prêter la main, on les voit fe chercher;
Et leur progrès commun fert à les rapprocher.

Combien, depuis le fiecle où l'on vit la Peinture
Renaître en Italie, & germer fans culture;
Combien a-t-il fallu, dans cet inculte fond,
Travailler, avant vous, pour le rendre fécond!

Rappellons cet inftant: ce fut la Grece encore,
Qui des Arts obfcurcis nous ramena l'aurore.
Cymabué ^f, dit-on, de quelques Grecs errants
Reçut, comme un dépôt, les Beaux-Arts expirants.
Mais, quel étoit alors, d'une flamme immortelle,
Ce rayon prefque éteint, cette foible étincelle?

---

^f Les Guerres continuelles qui défo-lerent l'Italie, avoient détruit les beaux Arts; trifte révolution dont on ne voit dans l'Hiftoire que trop d'exemples! Après mille ans de barbarie, Cymabué, né à Florence dans le treizieme fiecle, reçut, dit-on, de quelques Grecs, ce germe précieux qui bien-tôt après porta des fruits, lorfque Léonard de Vinci, né vers le milieu du quinzieme fiecle, joignit aux charmes de la pratique les études profondes de la plus favante théorie.

Les enfants égarés d'Apelle & de Zeuxis
N'avoient plus rien du fang dont ils étoient fortis.
L'Art de Peindre réduit au talent méchanique
De former quelques traits dans une Mofaïque,
Etoit un foible plant qui devoit recevoir
Une heureufe culture, en changeant de terroir.
Florence en prit le foin ; & d'un précieux germe
Les Médicis hâtant la faifon & le terme,
Méritérent, pour prix de leurs juftes bienfaits,
Un nom trop célébré, pour s'éteindre jamais.

On vit paroître alors de nouveaux phenomenes,
Des Artiftes divins, & d'illuftres Mécènes.
Michel-Ange, à Florence, à trois Arts à la fois
Dictoit, fous Médicis, fes fouveraines loix ;
Et Léon dix voyoit, du haut du Capitole,
Raphaël cimenter fon immortelle Ecole ;
Lorfque François premier, Roi digne d'être heureux,
Tint Léonard mourant dans fes bras généreux.

Voyez, dans les deferts, une fimple fontaine
S'échapper d'un rocher, ferpenter dans la plaine,
S'enrichir en fon cours ; & divifant fes eaux,
Nous prodiguer fes biens par cent & cent canaux :
Telle on vit des Beaux-Arts la fource rénaiffante
Se répandre en fecret, devenir abondante,

Fertilifer l'Europe ; & partageant fon cours,
Des *Ecoles* ᵍ former la gloire & le concours.

Dieu des Arts, entretiens, au fein de ma Patrie,
Cette louable ardeur par la gloire nourrie,
Qui fait de tes fujets, à la vertu foumis,
Des rivaux généreux, jamais des ennemis.

Et Vous, qu'un feu divin échauffe, anime, enflame,
Qu'un foufle envenimé ne fouille point votre ame.
Dans ces bofquets facrés, gardés par les neuf Sœurs,
Pour vous couronner tous, il naît affez de fleurs :
A fon gré feulement, Apollon qui les donne,
S'eft réfervé le droit d'orner chaque couronne.

Dans ce Louvre, autrefois féjour de nos Céfars,
Eft un Temple fameux par le concours des Arts.
On y voit, tous les ans, fufpendant fon ouvrage,
Des fruits de fes travaux l'Artifte offrir l'hommage.
Voulez-vous y briller fur tous vos concurrents ?
Voulez-vous du Public fixer les yeux errants ?

ᵍ On entend par ce mot *Ecole*, une fuite d'Artiftes habiles éleves les uns des autres, dans les ouvrages defquels on reconnoît quelque uniformité de principes.

L'Italie a eu l'avantage & la gloire de poffeder à la fois plufieurs de ces illuftres Colonies d'Artiftes que fonderent dans les Villes principales les grands génies qui ont immortalifé leurs noms en ennobliffant l'Art de la Peinture, & qui ont préfidé long-temps après leur mort à ces Ecoles qu'ils avoient fondées par l'afcendant de leur réputation & de leurs ouvrages. Les Ecoles les plus célebres de l'Italie ont été l'Ecole Romaine, l'Ecole de Florence, celle de Boulogne, & celle de Venife. Leur émulation a contribué à leur fuccès & à leur gloire.

Des

Des grands effets, fur-tout, employez la magie;
Efclave de nos fens, par eux l'ame eft régie.

Mais, pour mieux établir les principes divers
De cet Art dont ma Mufe ofe enrichir fes vers,
Souffrez qu'elle préfere, aux agréments du ftyle,
Du précepte concis la féchereffe utile.

Le ton de la nature, en un corps éclairé,
Blefferoit les regards, s'il n'étoit tempéré;
L'éclat de la couleur, fans un double artifice,
Au lieu de vous charmer, feroit votre fupplice.
Pour rendre cet éclat moins choquant & moins dur,
Le *Reflet* près de nous s'unit au Clair-obfcur;
Et des corps éloignés, de diftance en diftance,
Le plus ou le moins d'air dégrade la Nuance.

Déja je vous ai peint ce nuage fi doux,
Que l'air paroît fufpendre entre les corps & nous.
Je vais approfondir ce mutuel échange,
Qui de plufieurs couleurs ne fait qu'un feul mêlange;
Ce réjailliffement par lequel le reflet,
Pour tout unir emprunte & prête à chaque objet.

Arrêtez vos regards aux bords d'une onde pure:
Le faule qui l'ombrage y répand fa verdure,
Et reçoit, à fon tour, en courbant fes rameaux,
L'éclat d'un nouveau jour reflété par les eaux.

D

Sous un rideau de pourpre, une Nimphe étendue
Nous offre, fur fes lys, la rofe répandue :
Ce brillant incarnat dont tout fon corps eft teint,
Prendroit un autre accord, fur un fond plus éteint.

C'eft ainfi que l'Artifte, au gré de fon génie,
Peut de fon coloris varier l'harmonie.
L'accord eft à fon choix : mais, ce choix arrêté,
Tel qu'un Poëte, il doit conferver l'unité.
Les couleurs de fes fonds, l'emprunt de fes lumieres,
De l'accord qu'il choifit, font les fources premieres.
De ces points dont il part, il doit tendre à fon but,
Et prévoir fon fuccès, dès l'inftant du début.

Mais, fi de la nature il furprend l'artifice,
De ce vol précieux qu'il nous cache l'indice :
Que par fa négligence on ne découvre pas,
Dans la route qu'il prend, la trace de fes pas.
Des reflets trop marqués, des demi-teintes dures,
Des paffages heurtés, d'imparfaites ruptures,
En dévoilant aux yeux l'art qui doit fe cacher,
Bleffent l'œil délicat qui voudroit le chercher.
Le Spectateur jaloux ne veut rien qui détruife
La douce illufion, dont fon ame eft furprife.

De l'air que la couleur ait la légéreté :
Que l'ombre auffi l'imite en fon obfcurité.

L'ombre n'a point en foi de couleur finguliere ;
C'eft la privation, le défaut de lumiere :
Son effet eft celui d'un voile tranfparent,
Qui fufpendu nous rend le ton moins apparent.
Que votre ombre, par-tout, foit donc de même forte :
Mais, foumife à fon plan ; ou plus fombre, ou moins forte.
De-là naît ce repos qui laiffe, dans les clairs,
Des plus vives couleurs briller l'éclat divers.

Pour conferver aux tons, une fraicheur aimable,
Ne les fatiguez point par un excès blâmable :
Si la couleur eft franche, elle en a plus d'attraits,
Garde mieux fon accord, & ne change jamais.

Du fini précieux de la touche rapide,
Le choix peut arrêter : que la place en décide
Dans l'efpace moins grand que l'œil voit de plus près ;
Un pinceau careffé doit fondre tous les traits.
Mais, d'un vafte Palais pour enrichir la voûte,
Par un vol plus hardi, frayez-vous une route :
Trop de foin vous nuiroit ; & l'air, bien mieux que vous,
Des paffages moins fins rendra les tons plus doux.

Il eft un autre point que je ne puis omettre :
Des oppofitions on peut tout fe promettre ;
Ce font pour vos effets des principes féconds.
Sachez bien oppofer les couleurs à leurs fonds.

Quelquefois fur un plan, qui ne peut être fombre,
Une couleur fenfible aura l'effet de l'ombre.
Un objet pour l'accord n'eft pas affez ombré :
Vous le rendrez plus fourd par un fond éclairé.

 C'eft ainfi que des fons la Mufe enchantereffe,
Pour parler à nos cœurs, fait oppofer fans ceffe
La fiere diffonance au plus doux des accords.
Les divers mouvements, les fons plus ou moins forts :
Tout aide à varier l'effet de l'harmonie ;
Tout a droit fur notre ame, & tout fert au génie.

 Et n'imaginez pas que ma Mufe, au hazard,
Place ici le rapport de l'un & de l'autre Art.
Ils ont tous deux des tons, des accords, des nuances ;
Et leurs termes communs marquent leurs reffemblances.
Un mode différent, dans des fujets divers,
Doit caractérifer les tableaux & les airs.

 Enfin, lorfqu'Apollon, du fommet du Parnaffe,
Daigne inftruire les Arts, par la bouche d'Horace,
On voit tout à la fois, près du Muficien,
Se former un Malherbe, & naître un Titien.
Il leur dit : ô mes Fils, vos Arts font la Peinture ;
Que vos chants, vos accords imitent la nature.

 Cependant c'eft à vous, ô Peintre ftudieux,
Qu'elle aime à prodiguer fes tréfors précieux :

Soumife à vos defirs, fans ceffe complaifante,
Elle vous fuit par-tout, par-tout elle eft préfente.
Voyez-la s'embellir avec l'aftre du jour :
Suivez-le dans fa route. A peine de retour,
Le foleil qui renaît commençant fa carriere,
De la jaloufe nuit a franchi la barriere,
Qu'aux bords de l'horizon, les côteaux font frappés
De l'éclat adouci de fes feux échappés.
Des corps moins élevés les incertaines ombres
Se mêlent aux vapeurs qui les rendent plus fombres.
Quelle fource d'accords, d'effets, d'illufions
Offrent à vos pinceaux ces oppofitions !

Imitez à propos le moment où l'Aurore
Vient ravir à Procris Céphale qu'elle adore.
C'eft aux rayons naiffants, qu'Hélene fuit les pas
Du Berger qu'ont féduit fes funeftes appas :
C'eft à l'aube du jour, qu'une imprudente chaffe
Enleve un jeune amant à Vénus qui l'embraffe ;
Tandis que les Amours, prévoyant fon deftin,
S'affligent de le voir éveillé fi matin.

Voulez-vous, faififfant un autre caractere,
Créer du même inftant un tableau plus auftere ?
Le foleil vit fouvent, à fes premiers rayons,
L'acier luifant briller au choc des bataillons.

A peine il se levoit, lorsqu'aux plaines d'Arbelles,
Un Héros moissonnoit des palmes immortelles :
Dans un semblable instant, Cléopatre au trépas
Dévouoit un Guerrier qui fuyoit dans ses bras.

Ce moment est celui des grandes entreprises,
Le signal des assauts , & l'heure des surprises.
La lumiere incertaine & foible en son essor
Glisse sur l'horizon, sans se fixer encor.
Que ces plans dégradés fassent valoir vos groupes ;
Des combattants épars qu'ils distinguent les troupes ;
Et sur le fer des dards, qu'un pur & vif éclat
Fasse briller aux yeux l'image d'un combat.
Mais , tandis que je trace une esquisse légere
De l'instant où renaît l'astre qui nous éclaire ,
Son globe étincelant s'élance dans les airs ;
Sous ses rapides pas les cieux se font ouverts ;
Ils se peignent d'azur ; la terre se décore ;
A ses rayons dorés chaque objet se colore :
Il dissipe en tous lieux les restes de la nuit ,
Et nous fait voir enfin l'univers reproduit.

Qu'à de nouveaux efforts cet instant vous appelle ;
D'un accord différent c'est un nouveau modele.
Mais sur-tout imitez, copiste industrieux ,
Dans sa variété la lumiere des cieux.

La fource de l'ennui, c'eft la monotonie :
Changez donc à propos d'effet & d'harmonie.
Choififfez avec art; faififfez tour-à-tour
Ce qui fait la beauté de chaque inftant du jour.

Tantôt, pour nous féduire, ingénieux Protée,
Imitant du matin la couleur argentée,
Sur nous d'un calme heureux verfez la douce erreur.
Tantôt pour exciter la crainte & la terreur,
D'un funefte ouragan peignant l'horreur extrême,
Empruntez des beautés de ce défordre même.

Mais, fi le Dieu du jour, brillant, victorieux,
Au milieu de fon cours, reparoît dans les cieux,
Refpectez un éclat que l'art ne fauroit rendre;
Ou, fi jamais au moins vous ofez l'entreprendre,
Par un détour adroit fauvez l'illufion.
Que d'un objet choifi l'interpofition
Soit à l'art des couleurs, ce qu'eft à l'éloquence,
Faute d'expreffions, l'adroite réticence.

Offrirez-vous Renaud, dans cet inftant du jour,
Mollement enchaîné dans les bras de l'amour?
Armide aura fait naître un myrthe, dont l'ombrage
Sur le difque brûlant forme un léger nuage;
Et ces rayons fi vifs, échappés au hazard,
Pour fixer le moment, feront l'effet de l'art.

Plus fage en vos efforts, d'une heure favorable,
Voulez-vous emprunter un coloris aimable ?
Le foleil qui defcend, va, fenfible à vos vœux,
Vous former des effets larges & lumineux.
Les ombres & les jours, à vos defirs dociles,
Rendront, en s'étendant, les maffes plus faciles.
Dans ce moment choifi, l'ombre a plus de fierté,
La couleur plus d'éclat, & tout eft reflété.

Tout fe ranime auffi. D'une chaleur brûlante,
On ne fent plus alors l'influence accablante.
La fraicheur, qui renaît au réveil des zéphirs,
Diffipe la langueur, & rappelle aux plaifirs.
De Bacchus, par des jeux, célébrant les conquêtes,
La Bacchante choifit cet inftant pour fes fêtes ;
Et l'heureux Titien, ce favori des Dieux,
Dans fes tableaux divins, le retrace à vos yeux.

Artifte qui brûlez d'égaler la nature,
Confultez, fur votre art, ce Dieu de la Peinture.
Recevez de fes mains un fil, dont le fecours
De ce Dédale obfcur démêle les détours.
Envain de fes leçons j'enrichis cet ouvrage,
Un feul de fes tableaux en contient davantage.
Les préceptes favants que fa main a tracés,
Si vous les lifez bien, vous inftruiront affez.

Confultez-les.

Confultez-les. Et vous, Mufe, dans la carriere,
Où vous avez fuivi le Dieu de la lumiere,
Voyez, avec regret, reparoître la nuit.
Un fombre accord déja fuccede au jour qui fuit;
La couleur fe détruit, & le même nuage
Qui ternit la nature, obfcurcit fon image.
Artiftes ftudieux, jufqu'aux rayons nouveaux
Je vais ceffer mes Chants: fufpendez vos travaux.

Fin du Second Chant.

E

TROISIEME CHANT.

L'INVENTION PITTORESQUE.

QUELLE Divinité me rappelle au Parnaſſe!
Accents harmonieux de Lucrece & d'Horace,
C'eſt vous qui m'attirez, c'eſt vous, dont les appas,
A travers mille écueils, ont entraîné mes pas.
Je brûle de l'ardeur d'une céleſte flamme:
Le deſir du ſuccès a pénétré mon ame,
Et ma Muſe qui cede à ces divins tranſports,
Pour la troiſieme fois, va former des accords.

Vous ne condamnez pas ce ſentiment ſublime,
Vous qui le reſſentez, vous que la gloire anime,

Difciples des Beaux-Arts, à qui ma foible voix
Va de l'Invention interpréter les loix.

Retracez-vous le plan, qu'à fon fujet foumife,
Ma Mufe s'eft prefcrit dans fa noble entreprife:
De ce plan établi, voyez les premiers Vers
Offrir l'Invention fous deux afpects divers.
Dans leur rang que régloit un ordre didactique,
L'une fut Pittorefque & l'autre Poëtique:
Celle-ci, s'élançant d'un vol audacieux,
Des regles méconnoit le joug impérieux.
Le Peintre envain réfifte à ce qu'elle projette,
C'eft elle qui commande à l'Artifte Poëte;
Mais celle dont mes chants vont diriger l'effor,
Aux préceptes reçus doit obéir encor.

L'Invention qu'ici je nomme Pittorefque,
N'eft donc point ce qu'enfante un efprit romanefque
Qui, d'une fievre ardente imitant les effèts,
Dans des caprices vains, laiffe égarer fes traits:
C'eft l'ordre ingénieux qui deftine, qui trace
A chaque corps un plan, à chaque objet fa place.
C'eft un choix réfléchi, dirigé par le goût,
Qui de membres divers ne forme qu'un beau tout;
Et qui démêlant bien leur jufte caractere,
Rend compte à la raifon des beautés qu'il préfere.

Minerve, c'eft à toi que je dois m'adreffer :
Dicte-moi les leçons que je vais prononcer.
Lorfque tu réunis les Arts & la fageffe,
N'eft-ce pas nous inftruire, immortelle Déeffe,
Que, fans un ordre fage, on ne parvient jamais
A former dans les Arts des ouvrages parfaits ?
　　Artiftes éclairés, vous que la raifon guide :
Dans le plan d'un Tableau, qu'elle feule décide
Le lieu, l'inftant, le jour & l'ordre du fujet ;
Qu'elle affigne une place au principal objet.
Préférez pour ce choix le centre de l'ouvrage :
C'eft le point où les yeux s'arrêtent davantage.
Tel, aux jeux du théatre, un principal Acteur
Se montre fur la fcène, & parle au fpectateur.
Sur cet objet placé répandez la lumiere :
Qu'à frapper nos regards elle foit la prémiere,
Unique s'il fe peut ; & redoutez toujours
Le difficile accord de deux différents jours.
Un feul eft fuffifant, fi vous favez l'étendre,
L'interrompre avec art, le groupper, le répandre ;
Et par des corps ombrés, difpofés à propos,
A l'œil du fpectateur préparer du repos.
　　Plus libre, après ces foins, des loix plus arbitraires
Laiffent à votre choix les détails néceffaires.

Mais prévoyez l'effet de ce que vous placez :
L'Univers eſt à vous : c'eſt vous en dire aſſez.
La Nature en beautés féconde, inépuiſable,
Si vous choiſiſſez mal, vous rend inexcuſable.
Rien n'eſt indifférent : tout dans votre projet
Doit nuire à l'action, ou ſervir à l'effet.

Ainſi, lorſque jadis, pour orner les offrandes,
Glycère à *Sycione* arrangeoit des guirlandes,
L'art qu'employoit ſa main à mêler leurs couleurs,
Donnoit un nouveau prix à la beauté des fleurs.
Un Artiſte admira cette ſavante adreſſe :
Le fameux Pauſias, l'ornement de la Grece,
Reçut, diſciple aimé, par un heureux retour,
Sa gloire & ſon bonheur des faveurs de l'Amour.
Les graces d'un beau choix ſont les fleurs de Glycère :
Imitez Pauſias ; & qu'une ardeur ſincère
Vous fixe à la nature, enflamme vos deſirs ;
Augmente votre gloire, & forme vos plaiſirs.

O vous, qui, méditant une noble penſée,
Brûlez d'en voir déja l'invention tracée ;
Avant que le pinceau, par un eſſai leger,
De cet objet conçu vous faſſe mieux juger ;
Oſez approfondir, dans l'Art de la Peinture,
Ce qu'exige d'étude une ſeule figure.

Dans un exact aplomb les membres bien placés,
Sur un centre commun feront tous balancés :
L'équilibre eft la loi que prefcrit la nature
A tout corps en repos. S'il change de pofture,
Il fort de fon aplomb ; mais après ce moment,
Il reprend l'équilibre, & perd le mouvement.

    Voulons-nous nous fixer, notre corps fe difpofe
A pencher vers le point où fon poids fe repofe.
Un côté plus chargé femble s'appefantir ;
Il s'affaiffe : un contrafte alors fe fait fentir ;
La figure devient pittorefque, inégale,
Sans être moins d'aplomb fur la ligne centrale.

    Tel paroît ce Troyen, qui porte à fon vaiffeau
D'Anchife & de fes Dieux le précieux fardeau.
A ce poids qu'il chérit, dans fa démarche libre,
Son corps qu'il tient penché fait un jufte équilibre.
Avance-t-il un bras : l'autre oppofé conduit
Ce fils jeune & tremblant qui pas à pas le fuit.

    Si l'inftinct, dont ici j'ai découvert les traces,
Soutient nos mouvements, il forme auffi nos graces.

    Galatée, au Berger qui vole fur fes pas,
Se dérobe, en marquant qu'elle ne le fuit pas.
Sa courfe eft un moyen de l'attirer près d'elle :
Son action l'éloigne, & fon defir l'appelle.

Voyez dans leurs efforts ſes membres contraſtés,
Soumis à ſon projet, dévoiler ſes beautés.
Son corps ſuit à la fois, eſclave volontaire,
La loi de la nature & le deſir de plaire.
Quelle grace n'ont pas, dans tous leurs mouvements,
De ce corps déployé les doux balancements !

 Mais voyons cet inſtinct bienfaiſant & fidele,
Ajouter à la force une force nouvelle.

 Samſon veut renverſer un Temple, où dans ſes jeux
Le Philiſtin inſulte au Guerrier malheureux :
Pour finir en Héros ſa triſte ſervitude,
Hors d'aplomb il s'élance, & dans cette attitude,
Son corps du mouvement tire un poids plus qu'égal
Au poids qu'aux Philiſtins il va rendre fatal.

 Ainſi donc la Nature, à l'inſçu de nous-mêmes,
Par un ſecret pouvoir, nous plie à ſes ſyſtêmes ;
Et ſimple, elle produit, par les mêmes reſſorts,
La ſûreté, la grace, & la force des corps.

 Mais pourquoi voyons-nous à ces loix naturelles,
Malgré tous leurs efforts, nos Arts trop infideles ?
Le nud bleſſe les mœurs. Des Grecs moins faſtueux,
Le regard étoit libre, & le cœur vertueux.

 Cependant l'Art gémit ſous le joug des uſages ;
L'Artiſte eſt abuſé par de fauſſes images ;

S'il

S'il réfifte à l'erreur, s'il fait fe corriger,
Du prix de fes travaux bien peu favent juger.
Et comment pourroit-on comparer, reconnoître
Des formes qu'à nos yeux on force à difparoître.
Sur la beauté des corps la Mode étend fes droits :
Le fage en murmurant obéit à fa voix ;
La jeuneffe applaudit à fa bizarrerie,
Et l'enfance foumife à fa folle induftrie,
Gênant, pour obéir, fes graces, fes attraits,
Voit, fur le goût régnant, modeler tous fes traits.
Si du foin de draper la Mode enchantereffe,
D'accord avec l'Artifte, occupoit fon adreffe ;
Le Peintre, en fes travaux quelquefois fatisfait,
L'immortaliferoit au moins pour ce bienfait.

Mais de nos vêtements la gênante ftructure
Contredit à la fois & l'Art & la Nature.
Faudra-t-il du caprice adoptant les écarts,
Imiter des abus qui bleffent nos regards,
Joindre à des traits flétris les ornements de Flore,
Parer Titon des fleurs que fait naître l'Aurore,
Prêter, en confondant & le rang & l'état,
La cimarre au Guerrier, l'armure au Magiftrat ?

Non : recherchez en tout la jufte convenance,
Et, plutôt que le vrai, fuivez la vraifemblance.

F

S'il n'eſt aux pieds d'Omphale, Hercule ne doit pas
Porter, pour draperie, un leger taffetas :
C'eſt la peau du lion qu'il faut au fier Alcide,
Et la gaze legere eſt faite pour Armide.

    Que par un heureux choix, dans la forme des plis,
Le nud du corps ſe ſente au travers des habits.
L'art de draper déſigne, augmente, annonce, exprime
Le repos, l'action, le ſimple, le ſublime.
Un déſordre de plis jettés comme au hazard,
Pour mieux peindre *le grand*, dans Correge eſt un art :
Tandis que plus exact le Pouſſin nous indique,
En drapant avec ſoin, les beautés de l'Antique.

    Suivez avec réſerve & l'un & l'autre goût :
Louez-les, mais oſez ne les pas ſuivre en tout.
Le même oubli menace un copiſte ſervile,
Et l'Artiſte trop vain à l'exemple indocile :
L'un, ſans guide, ſe perd par ſa témérité ;
L'autre, en imitant trop, n'eſt jamais imité.

    Il eſt un milieu juſte : en ce ſeul point réſide
La parfaite beauté, le goût juſte & ſolide.
Qui voit bien la Nature, évite les excès :
Elle eſt riche ſans faſte, aimable ſans apprêts.

    Telle à nos yeux charmés, loin du luxe des Villes,
Brille d'un doux éclat dans des deſerts tranquilles

Une jeune beauté qui fimple ne fait pas
Que la grace & l'amour accompagnent fes pas.
Elle s'ignore & plaît; fon air naïf enchante,
Le *négligé* la pare & la rend plus touchante.
Mais veut-on imiter fes modeftes attraits :
Quelle juftefle il faut pour bien faifir fes traits !
Le *naïf* trop fouvent mene à la féchereffe,
Et l'affectation fuccede à la nobleffe.

Soyez donc à la fois fécond & modéré,
Exact fans être froid, & grand fans être outré.
Uniffez, s'il fe peut, par un heureux mêlange,
Les dons de Raphael aux dons de Michel-Ange.

Comme une fleur qui brille, & que la faux du temps
Renverfe fans pitié, dans fes plus beaux inftants ;
Ainfi de Raphael l'illuftre deftinée
Par la faulx de la mort fut trop tôt moiffonnée :
Rival de la nature, il furprit fes fecrets ;
Jaloufe, elle arrêta fes rapides fuccès.

Vous, qu'un prix mérité deftine à l'avantage
D'éclairer vos talents, en lui rendant hommage,
Eleves ʰ qui femant des fleurs fur fon tombeau,
Verrez ce que dans Rome il peignit de plus beau ;

ʰ Les Eléves qui ont gagné les prix à l'Académie vont à Rome aux frais du Roi : ils y font logés, nourris & dirigés dans leurs études.

Dans l'art de compofer choififfez-le pour Maître;
Qu'il vous montre comment l'ordonnance fait naître
Un premier fentiment de cette paffion,
Que doit au fond des cœurs porter l'*expreffion.*

Mais à ce nom fameux que l'Art immortalife,
Ranimant notre ardeur fuivons notre entreprife:
Voyons fi l'ordonnance & le plan médités,
Au genre du fujet doivent leurs unités.

L'art féducteur des Vers, la magique Peinture
Exercent fur notre ame une douce impofture.
Leur objet eft de plaire, & leur but d'émouvoir:
Chaque Art a fes moyens qui reglent fon pouvoir.

En reffources fécond, un Auteur fur la fcene
Sçait attendrir nos cœurs, par degrés nous enchaîne;
Et préparant fes coups, pour les rendre certains,
Nous fait de fon héros embraffer les deftins.
De-là naît le plaifir de voir Phedre punie;
De-là les pleurs qu'on donne au fort d'Iphigénie.

Le Peintre moins aidé, dont on exige autant,
Pour parvenir au cœur, n'a jamais qu'un inftant.
Il doit, tout à la fois, fe montrer & féduire;
Convaincre fans parler, frapper avant d'inftruire:
Il n'a point ce recit, au befoin toujours prêt,
Qui fur le temps paffé cimente l'intérêt.

C'eft donc de fon fujet la jufte convenance,
Le choix de fes détails, l'*enfemble*, l'*ordonnance*,
Dont l'art & le concours doivent à l'action
Tenir lieu de recit & d'expofition.

Peindrez-vous ce moment de fang & de carnage,
Où d'Hérode en fureur l'inexorable rage
Crut, en plongeant le fer dans le fang innocent,
Détourner de fa tête un deftin menaçant?
D'aufli loin qu'on en peut entrevoir la Peinture,
Annoncez un forfait dont frémit la nature.
Le foleil fe cacha fans doute : un jour affreux
N'éclaira qu'à regret cet inftant malheureux.
Les ténebres, l'effroi, le fang & la poufliere
Terniront les couleurs, fouilleront la lumiere.
Les objets fembleront difperfés au hazard;
Et c'eft-là qu'*un défordre eft un effet de l'Art.*

Evitez de penfer, entraîné par l'ufage,
Que compofer ne foit qu'inventer l'affemblage
De membres différents, avec art contraftés,
D'effets pyramidaux, de grouppes apprêtés.
La Nature, il eft vrai, fe grouppe & fe contrafte;
Mais on abufe trop d'un principe fi vafte.
Il eft des paflions qui bravent cette loi:
Les remords & l'horreur, le defefpoir, l'effroi

Des mortels malheureux défuniffent les troupes,
Décompofent fouvent, & difperfent leurs grouppes;
Tandis que les plaifirs, ou l'attendriffement
Donne à l'expreffion un autre mouvement.
L'intérêt nous unit, le plaifir nous raffemble:
Pénétrés on s'embraffe, on s'attendrit enfemble.
Andromede innocente offroit au Ciel vengeur
Et fes attraits naiffants & fa jufte douleur:
Attachée au rocher, Junon dans fa colere
Sur elle alloit venger le crime de fa mere;
Et cependant Perfée, élevé dans les airs,
La voit, l'admire, l'aime, & vient brifer fes fers.
Le peuple accourt en foule, il couvre le rivage;
L'intérêt vif confond l'état, le fexe, l'âge:
On s'empreffe, on veut voir qui doit vaincre en ce jour,
Le Ciel ou le Héros, la vengeance ou l'amour.
Un monftre affreux paroît: fur lui l'Amant s'élance,
Fond, l'atteint, le combat. Bien-tôt hors de défenfe,
Le dragon tombe & rend l'amour victorieux.
La joie éclate, un cri s'éleve dans les cieux:
L'horreur s'évanouit, le plaifir la remplace;
On fanglotte, on foupire, on fe preffe, on s'embraffe;
Et le Peintre attendri, les yeux mouillés de pleurs,
Se rend maître à la fois de fon Art & des cœurs.

Mais déja de mes vers le ton moins didactique
Paſſe du Pittoreſque au Mode poétique;
Et je vous vois brûler, nouveaux Pigmalions,
Du deſir d'animer vos compoſitions.

Artiſtes, il eſt temps : je vais monter ma lyre;
Et pour vous exciter, plus que pour vous conduire;
Ma Muſe, interrompant d'importunes leçons,
Va choiſir des accords pour de plus nobles ſons.

Fin du Troiſieme Chant.

QUATRIEME CHANT.

L'INVENTION POËTIQUE.

Loin de toi, Dieu des Arts, ces mortels, dont l'argile
N'offrit au feu divin qu'une maſſe ſtérile :
De leur ame inſenſible à tes puiſſants accords,
Qu'un ſommeil léthargique énerve les reſſorts.
Qu'ils ignorent les biens que tu daigne répandre
Sur des êtres choiſis, ſeuls dignes d'y prétendre.
D'un ordre diſtingué d'Artiſtes généreux
Rends les vœux ſatisfaits, & les efforts heureux ;
Fais reſpirer la toile ; ajoute à la Peinture
Ce mouvement, ce feu, l'ame de la Nature :

G

Répands-le dans mes Vers, qu'il brille dans mes chants,
Pour ton honneur rends-les expreffifs & touchants.
Et toi, qui t'affervis mon indocile verve,
Toi, fils impérieux de la fage Minerve,
Ordre que j'ai fuivi, ne contrains plus ma voix :
Je chante le Génie, il fe foumet les loix.
Tous les Arts, lorfqu'il veut enfanter des miracles,
Ne font que des moyens, il fe rit des obftacles ;
De l'efprit qu'il enflamme il étend les progrès ;
Et la tardive regle adopte fes fuccès.

Mais, à ce nom puiffant, quel pouvoir fympathique
Rend à l'Invention fon effor poëtique !
Déeffe impatiente, elle a brifé fes fers ;
Elle parcourt, anime, embellit l'Univers :
Elle reprend fes droits, fon fceptre, fa couronne ;
Des favoris des Arts la troupe l'environne ;
Je les vois de leurs dons enrichir fes autels,
Ils viennent recevoir des lauriers immortels.
Chaque ordre de talents [1] a droit à cet hommage ;
Chaque genre eft admis à ce brillant partage.

L'un dans le vafte champ qu'apprête à fes travaux
Un moite enduit formé par le fable & la chaux,

---

[1] On défigne ici les différentes manieres d'employer les Couleurs & les différents genres de Peinture.

Aux superbes plafonds, de la rapide Fresque [k]
Imprime, en se hâtant, le charme pittoresque ;
Ou par un nouvel art, l'huile [l] fondant ses traits,
Il change en un ciel pur la voûte des Palais :

Celui-ci préparant un spectacle magique,
De la Détrempe active [m] adopte la pratique :
A ses couleurs l'eau prête une fluidité,
Qui des plus vifs travaux sert la rapidité.
Par l'apprêt qu'il y mêle, il fixe leur durée :
L'or se joint à l'azur, la scène est décorée ;
Et des feux, avec art, éclairant les objets,
Par un éclat trompeur les font voir plus parfaits.

De ce genre imposant, dont l'objet est si vaste,
Cet autre dédaignant la grandeur & le faste,
Dans un champ plus borné [n], par un apprêt plus fin,
Anime sous ses doigts l'ivoire & le vélin.
D'un pinceau délicat l'artifice agréable
Prête à l'amant heureux un secours favorable ;
Et l'Artiste aux Amours sacrifiant ses soins,
De son succès caché n'a qu'eux seuls pour témoins.

[k] La *Fresque* est une sorte de Peinture dans laquelle les couleurs, détrempées dans l'eau, sont employées sur un mur fraichement enduit d'une couche de chaux.

[l] La Peinture à *l'Huile*. On peut la regarder comme moderne, puisque son origine ne remonte qu'au 15e siecle.

[m] La Peinture en *Détrempe*, est celle dont on se sert pour peindre les Décorations de Théatre.

[n] La Peinture en *Miniature*.

Là, c'eſt un moyen prompt, dont le facile uſage
Des traits de la beauté rend la fidelle image.
Les crayons mis en poudre [o] imitent ces couleurs,
Qui dans un teint parfait offrent l'éclat des fleurs.
Sans pinceau, le doigt ſeul place & fond chaque teinte;
Le duvet du papier en conſerve l'empreinte;
Un cryſtal la défend. Ainſi, de la beauté
Le Paſtel a l'éclat & la fragilité.
Bravant ici le temps, au verre incorporée [p],
La couleur doit au feu ſon luſtre & ſa durée;
Et d'un portrait fini le délicat travail,
Pour ne jamais changer, ſe transforme en Email.
Tandis que par un ſoin également durable [q],
Des criſtaux colorés la teinte inaltérable,
Sur un ſolide enduit, aſſure à nos neveux
Des chef-d'œuvres de l'Art les charmes précieux.
Ainſi, par cent moyens dont l'induſtrie abonde,
L'Invention jouit des Arts qu'elle féconde.
Le culte qu'on lui rend, par ſa diverſité,
Augmente ſa puiſſance, & peint ſa liberté.
La volonté décide & le rit & l'offrande:
Elle reçoit & l'or & la ſimple guirlande;

[o] La Peinture en *Paſtel.*
[p] La Peinture en *Email.*
[q] La Peinture en *Moſaïque.*

Et pour former ſes dons, ſuivant ſes goûts divers,
Chaque Artiſte, à ſon gré, choiſit dans l'Univers.

Celui-ci, s'élevant dans la voûte azurée,
De Dieux qui ne ſont plus, repeuple l'Empirée.
Par ſon pouvoir, l'Olympe, aſſemblé ſous nos yeux,
Voit encor la vertu prétendre au rang des Dieux ;
Et d'Hercule immortel l'image qu'il compoſe,
Du Peintre & du Héros devient l'apothéoſe.

Un autre immortaliſe, en des traits reſſemblants,
Le mérite, l'honneur, les ſuccès, les talents.
Il rappelle à la vie une ombre regrettée ;
Il en rend à des fils l'image reſpectée ;
Et ce portrait vivant d'un pere abſent ou mort,
Augmentant leurs regrets, ſemble adoucir leur ſort.

D'un agréable ſite on trace ici les charmes.
Là, s'offrent des combats, des chevaux & des armes ;
Plus loin, des Monuments, des Temples, des Palais,
Ou ces êtres divers qui peuplent les forêts.
Sur les prés émaillés, ſur les vertes fougeres
Bondiſſent les troupeaux, & danſent les bergeres.
Ici l'on peint les fleurs ; un autre, ſur les eaux,
Rival du Dieu des Mers, calme ou groſſit les flots.

A ces ſoins variés la Déeſſe préſide :
Tout s'anime à ſa voix ; & ſur ceux qu'elle guide

Répandant fon efprit & fes dons précieux,
Elle en dévoile ainfi l'origine à leurs yeux.

Il eft un mouvement que rien ne peut fufpendre,
Facile à démêler, difficile à comprendre.
Il vit dans chaque objet : c'eft par lui qu'à leur fin,
Les êtres entraînés rempliffent leur deftin.
Par fon fecours, les corps de diverfe nature
Reçoivent, en croiffant, leur forme, leur ftruĉture ;
Et par l'effet fuivi de fes combinaifons,
Leur vie a des progrès, des âges, des faifons.

C'eft de fon aĉtion, en tous lieux répandue,
Le moment bien choifi, l'expreffion rendue,
Qui d'un froid méchanifme, indigne du nom d'art,
Diftingue les travaux où l'ame a quelque part.
C'eft de ce mouvement la vive & jufte image,
Qui de l'ame féduite ofe exiger l'hommage ;
Tandis que l'œil content, aux formes arrêté,
Approuve des contours l'exaĉte vérité.

Voyez au fein des airs les mobiles nuages,
Jouet des vents, tracer la route des orages.
L'air agité s'y peint ; votre efprit & vos yeux
Sont inftruits à la fois du défordre des cieux.

Ne mefurez-vous pas, dans fa rapide courfe,
Ce torrent qu'un inftant éloigne de fa fource ?

Ces débris, ce ravage étalé fur fes bords,
Calculent fa vîteffe, & nombrent fes efforts.

Déja vous démêlez, à travers fon écorce,
De ce chêne touffu la jeuneffe & la force ;
Déja ces fiers taureaux, fous fon ombre arrêtés,
Vous peignent la fureur dans leurs yeux irrités.

Qu'un mouvement plus vif anime la nature :
Une fource nouvelle enrichit la Peinture.
Dans les êtres vivants, la crainte ou le defir
Donne un corps à la peine & des traits au plaifir ;
L'inftinct les fait agir, aimer, defirer, craindre :
On voit dans tout leur corps l'intention fe peindre,
Leurs regards s'enflammer, leurs traits s'épanouir ;
On les voit s'embellir du bonheur de jouir.....

Mais quel objet plus beau, quel but plus noble encore,
Quel fpectacle impofant pour votre Art vient d'éclore !
L'être le plus parfait, l'homme enfin s'offre à vous ;
Centre des mouvements, il les réunit tous.
Riche de tous les dons, il naît, croît & végéte :
L'inftinct foumet fes fens par fa force fecrete ;
Et d'un feu tout divin, il fent, à chaque inftant,
L'inexplicable effet, l'immortel mouvement.

Des principes divers qui forment fon effence,
Développant l'accord, les effets, la puiffance,

De l'aurore à la nuit dans vos rapides jours,
De la nature humaine interrogez le cours.
Du corps & de l'efprit, invifible affemblage,
Diftinguez les afpects, fuivez-les d'âge en âge.
Voyez, foumife aux loix de chaque paffion,
Du mufcle obéïffant naître l'expreffion;
Et celle-ci changeante, à fon tour affervie,
Affortir fa nuance aux faifons de la vie,
Se conformer à l'âge, obéir à l'état,
Subir le fort des mœurs, & l'effet du climat.

 Par quels refforts fecrets la délicate enfance
Dans tous fes mouvements peint-elle l'innocence?
Ses geftes, fon fouris, fon ingénuité,
Tout intéreffe en elle. Ah! c'eft l'humanité
Qui, triomphant des cœurs fous cette douce image,
Reçoit, fans l'exiger, un légitime hommage.

 Qu'Hector fier, intrépide & volant aux combats,
Aux portes d'Ilion précipite fes pas:
D'un cafque menaçant qu'il ombrage fa tête;
Que devant lui tout tremble. Aftianax l'arrête:
A ce Héros armé s'il tend fes foibles mains,
Hector n'eft plus qu'un pere, il fufpend fes deffeins;
Il embraffe fon fils, il fait ceffer les larmes
Que lui caufe la crainte & du cafque & des armes;

Il

Il le preſſe en ſes bras ; & comme un vif éclair
Perce pour un inſtant l'obſcurité de l'air,
Telle Andromaque émue, à ſes terreurs en proie,
Echappe au deſeſpoir, & ſe prête à la joie.

Cependant, comme on voit, de la Reine des fleurs,
Chaque inſtant d'un beau jour, nuancer les couleurs ;
Ainſi dès ſon printemps changeant de caractere,
De moment en moment, l'enfance plus legere
Des ſens développés éprouve les progrès.
De la peine au plaiſir, du deſir aux regrets
Elle paſſe ; elle imite, intrépide & craintive,
Ce qui frappe ſes yeux & ſon ame attentive.
Des ris & des Amours c'eſt l'agréable eſſaim,
Qui, tandis que Vénus retient Mars dans ſon ſein,
Se cache ſous l'armure, & dans ſon badinage
Retrace des combats une folâtre image.

Chaque ſaiſon differe, & chaque âge a ſes traits.
Le printemps a ſes fleurs ; l'enfance a ſes attraits :
L'Eté, ſes feux brûlants ; & l'ardente jeuneſſe,
Ses paſſions, ſes goûts, ſa chaleur, ſon ivreſſe.
Bouillante, impétueuſe, à peine ſes reſſorts
Secondent à ſon gré ſes rapides tranſports.
Eſclave des deſirs, en proie à leurs caprices :
C'eſt le temps de l'excès des vertus & des vices ;

H

C'eſt l'âge des talents & des nobles travaux,
Le moment des ſuccès, la ſaiſon des Héros.

 Voyez de quelle ardeur, franchiſſant la barriere,
Le vainqueur de Porus commence ſa carriere :
Au milieu de ſa courſe il ſe voit arrêté ;
Six luſtres ont ſuffi, l'Univers eſt dompté.
Achille eſt au trépas condamné par la gloire :
Il ſçait ſa deſtinée, & vole à la victoire.
Ulyſſe plus prudent, des traits de la raiſon
Caractériſe & peint la troiſieme ſaiſon ;
Et de Neſtor enfin l'impoſante ſageſſe
Enchaîne le reſpect au char de la vieilleſſe.

 C'eſt ainſi qu'aſſervie au progrès de vos jours
L'ame paye un tribut impoſé ſur leur cours ;
Par un ſecret lien, par un rapport interne,
Tantôt elle obéit, tantôt elle gouverne.
Ce que les ſens émus prêtent aux paſſions,
L'ame le rend aux ſens par les expreſſions.
La joie & le chagrin, le plaiſir & la peine
Font mouvoir chaque nerf, coulent dans chaque veine :
Les deſirs & l'amour, la haine & ſes fureurs
Ont leurs traits, leurs regards, leurs geſtes, leurs couleurs.

 Tels s'offrent à vos yeux ſous des formes ſublimes,
De l'héroiſme humain les célebres victimes :

Modeles confacrés, fources d'inventions,
De mouvements hardis, de nobles actions,
Où chaque paffion & chaque caractere,
S'animant aux accords de la lyre d'Homere,
Empruntent d'un Héros & la forme & le nom.
La fureur eft Ajax; l'orgueil, Agamemnon;
L'audace, Diomede; Ulyffe, la foupleffe;
Caffandre, la prudence; & Mentor, la fageffe.
  O vous, Mufe fidelle, à qui le Dieu du temps
A foumis le deftin de ces noms éclatants,
Aux favoris des Arts, Déeffe de l'Hiftoire,
Applaniffez l'accès du Temple de mémoire.
Offrez à leurs defirs ces faftes éternels
Des travaux, des vertus, des erreurs des mortels;
Retracez à leurs yeux, dans les différents âges,
Des peuples différents les mœurs & les ufages,
Les loix, les jeux, les Arts, les honneurs glorieux
Qu'ont reçu les talents, les vertus & les Dieux.
  Vous, Fable ingénieufe, aimable enchantereffe,
Que produifit l'Egypte, & qu'adopta la Grece;
Renaiffez à ma voix; peuplez les éléments;
A des êtres moraux prêtez des mouvements.
Inconcevable effet, énergique éloquence,
Où l'efprit à l'efprit parle dans le filence!

Ce qu'on vit exifter, & que le temps jaloux
Crut détruire à jamais, fe reproduit pour vous.
Ce qui n'exifta point ; ces poétiques fonges,
Ces êtres incréés, ces aimables menfonges,
Emblêmes des plaifirs, preftiges féduifants,
Réalifés, produits, viennent charmer les fens.

Aux yeux des Phidias, que le Dieu du tonnerre,
En fronçant le fourcil, faffe trembler la terre :
Que la mer en fureur, à l'afpect d'un Trident,
Refte dans le filence, & foit fans mouvement.

Dans ce calme profond, Vénus, fortez des ondes ;
Graces qui la fuivez, embelliffez les mondes ;
Régnez fur la nature ; en mille afpects divers,
Multipliez vos traits, pour orner l'Univers.

Et vous, de nos fecrets fublimes interprétes,
Artiftes éloquents, Coloriftes Poëtes,
Homere le Corrège, Albane Anacréon :
Virgile Raphaël, Michel-Ange Milton :
Apprenez aux mortels empreffés fur vos traces,
Le pouvoir du génie & le charme des graces.

Ainfi l'Invention prodiguant fes tréfors,
Des favoris des Arts excite les efforts :
Ainfi le Dieu des Vers foutenant mon génie,
Daigne accorder ma lyre à la voix d'Uranie.

Vous qui fuivez fes loix, ô vous qui de mes chants,
Par un aveu flateur, foutintes les accents,
Recevez-en l'hommage. Il eft temps de fufpendre
Des accords que bien-tôt on me verra reprendre,
Pour élever aux Cieux, fur des modes nouveaux,
Vos fuccès mérités, & vos heureux travaux.
Et vous, qui d'un repos & tranquille & durable
Voulez goûter en paix le bonheur defirable,
Rendez à la raifon fes droits trop combattus,
Cultivez les Beaux-Arts ; pratiquez les vertus.

Fin du Quatrieme Chant.

RÉFLEXIONS

SUR DIFFÉRENTES PARTIES

DE LA PEINTURE,

POUR SERVIR DE NOTES

AU POËME

DE

L'ART DE PEINDRE.

AVERTISSEMENT

AVERTISSEMENT.

Quelque soin que j'aie pris pour renfermer dans mon Poëme ce qui conftitue le plus effentiellement l'Art de Peindre, on jugera aifément que la forme de cet Ouvrage, & le ftyle que j'ai employé ne m'ont pas permis d'entrer dans les détails infinis du fujet que j'ai traité.

Plufieurs perfonnes, à l'avis defquelles je dois déférer, m'ont engagé de fuppléer par quelques notes à ce que j'ai été contraint d'abréger ou d'omettre. Ces notes font devenues une fuite de réflexions que j'ai enchaînées l'une à l'autre, pour les rendre par-là plus claires & plus frappantes.

Voici l'ordre dans lequel je vais les donner. Je prie le Lecteur de les confidérer comme de fimples explications.

TABLE ou Expofition de l'ordre de ces Réflexions.

Les Proportions conftituent l'Enfemble. Les Proportions & l'Enfemble donnent lieu à l'Equilibre ou

I

Pondération, & au Mouvement. Je traite :

> DES PROPORTIONS.
>
> DE L'ENSEMBLE.
>
> DE L'ÉQUILIBRE ou PONDÉRATION;
> ET DU MOUVEMENT.

De ces parties naiſſent la Beauté, & la Grace.

> DE LA BEAUTÉ.
>
> DE LA GRACE.

La Beauté & la Grace ne ſont rien pour nous, ſans la Couleur & la Lumiere.

La Lumiere & la Couleur, toujours combinées entre elles, font l'harmonie de la Peinture.

> DE L'HARMONIE, ou DU CLAIR-OBSCUR,
> ET DE LA COULEUR.

L'Effet, eſt ce qui réſulte de toutes ces parties. L'Expreſſion doit s'unir à l'effet, & renfermer ce qui a rapport aux Paſſions de l'ame.

> DE L'EFFET.
>
> DE L'EXPRESSION.
>
> DES PASSIONS.

Il n'appartient qu'au génie de faire un juſte emploi de toutes ces choſes.

RÉFLEXIONS

DE LA PEINTURE.

❧❧❧

DES PROPORTIONS.

La Proportion confifte dans les différentes dimenfions des objets comparées entre elles.

Je crois que les premieres idées d'imitation, dans la Sculpture & dans la Peinture, fe font portées naturellement à faire les copies égales aux objets imités : l'opération d'imiter de cette maniere eft moins compliquée ; par conféquent elle eft plus facile.

I ij

Elle eſt moins compliquée; en ce que, par l'effet d'une relation immédiate, on exécute ſimplement ce que l'on voit, comme on le voit.

Par-là même, elle eſt plus facile. Elle l'eſt encore, parce qu'à l'aide des meſures les plus ſimples, on peut s'aſſurer ſi l'on a réuſſi, & ſe corriger, ſi l'on s'eſt trompé.

Les meſures ſont donc les moyens par leſquels on parvient à s'inſtruire des Proportions, & à en donner des idées juſtes.

Nous n'avons point de détails écrits ſur les meſures que les Grecs employoient à régler la Proportion : leurs ouvrages didactiques ſur les Arts ne ſont pas parvenus juſqu'à nous ; mais nous connoiſſons leurs ſtatues. Heureux dans la part que la fortune nous a faite, nous ne devons pas nous en plaindre. Les beaux ouvrages valent mieux que les préceptes.

Les Allemands & les Italiens qui ont travaillé ſur cette partie, tels qu'Albert Durer & Paul Lomazzo, font ſervir, à meſurer le corps humain, une partie même de ce corps. Cette meſure eſt une eſpece de meſure univerſelle qui n'a rien à craindre des changements d'uſage, ou des variétés de dénomination.

Les uns meſurent la figure par le moyen de la longueur de la *Face*. Ce qu'on appelle la *Face*, c'eſt l'eſpace renfermé depuis le menton incluſivement, juſqu'à l'origine des cheveux qui eſt le haut du front. D'autres prennent pour meſure la longueur de la tête entiere ; c'eſt-à-dire, une ligne droite, qui, de la hauteur du deſſus de la tête, ſe termine à l'extrémité du menton.

On fent qu'on ne doit pas mettre une importance confidérable dans le choix de ces manieres de mesurer ; & que chaque Artiste peut, à son gré, choisir dans celles qu'on a imaginées, ou s'en faire une qui lui convienne.

Ce qui est certain, c'est que le trop grand détail des mesures est sujet à erreurs. L'occasion la plus ordinaire de ces erreurs se présente, lorsqu'on mesure les parties qui ont du relief. Il est très-facile alors d'attribuer, à la longueur d'un membre, l'étendue des contours occasionnés par les gonflements accidentels des muscles & des chairs.

Au reste *, il est très-peu d'usage d'employer en Peinture les mesures détaillées, parce qu'elles ne peuvent avoir lieu lorsqu'un objet se présente en raccourci. D'ailleurs, leur usage froid & lent ne convient gueres à un Art qui veut beaucoup d'enthousiasme. Il faut cependant que les Peintres ayent une connoissance réfléchie de ces mesures, & qu'ils les ayent étudiées en commençant à dessiner *.

Le moyen de rendre l'étude des mesures réellement utile, est de la fonder premiérement sur l'Ostéologie.

Les os font la charpente du corps. Les loix de proportion

---

a A parler exactement, il n'y a point de Figure peinte dans laquelle il n'y ait une grande quantité de parties vues nécessairement en raccourci, parce qu'on imite, sur une surface plate, des objets qui font de relief.

La Sculpture, au contraire, qui imite les objets précisément comme ils font, doit s'appuyer continuellement sur les mesures ; & les plus détaillées lui deviennent précieuses & utiles.

b Michel-Ange vouloit que le compas fût non-seulement dans la main de l'Artiste, mais encore dans ses yeux. C'est-à-dire, qu'il est essentiel d'avoir l'œil juste ; & l'on pourroit ajouter, que la lumiere qui l'éclaire doit partir de l'esprit, & être dirigée par le goût, qui seul est en état de faire discerner le bon d'avec le mauvais.

que fuit la nature dans les dimenfions du corps & des mem-bres, font contenues dans l'extenfion qu'elle permet, & font fpécifiées dans les accroiffements limités qu'elle accorde aux parties folides.

C'eft en conféquence de ces accroiffements limités & fucceffifs, que la nature ne fe montre point uniforme dans les proportions du corps humain.

Elle les varie principalement par les différents caraɕteres qui font propres aux différents âges de la vie.

Premiere variété des Proportions produite par les différences d'âge.

L'Enfance, à l'égard des proportions du corps, n'eft point le diminutif exaɕt des âges qui fuivent.

Il ne s'agit donc pas, pour repréfenter un Enfant, de diminuer la taille d'un homme ; car alors on ne repréfente-roit qu'un petit homme, & non pas un Enfant.

La tête [c], par exemple, eft dans l'enfance beaucoup plus groffe, que dans les autres âges, par proportion aux autres parties.

A trois ans, la longueur de la tête, cinq fois répétée, for-me toute la hauteur d'un enfant. A quatre, cinq & fix ans, la hauteur eft de fix jufqu'à fix têtes & demie : au lieu que dans

[c] M. Sue, Anatomifte expérimenté, qui profeffe cette partie à l'Académie Royale de Peinture, a fait un Mémoire fur les Proportions du Squélette de l'Homme, qui fe trouve dans le fecond volume des Mémoires de Mathématiques & de Phyfique, préfentés à l'Académie Royale des Sciences, page 572.

l'âge fait, les proportions adoptées font huit têtes pour la grandeur totale.

La proportion de fept têtes [d] & deux parties, (c'eft-à-dire, fept têtes & demie) convient à un jeune homme à la fleur de fon âge, & dont l'éducation efféminée n'a pas permis aux fatigues & aux exercices violents le foin de développer entiérement fes refforts. C'eft ainfi que fe trouvent proportionnés l'Antinoüs du Vatican, & le Pyrame de la Vigne Ludovife.

La proportion de huit têtes pour la figure entiere eft propre à repréfenter la ftature d'un jeune homme dans la force de fon âge, & dans l'exercice des armes : c'eft celle qui a été obfervée dans la Statue du Gladiateur mourant, qu'on voit à Rome dans la Vigne Ludovife.

Cette proportion eft développée, fvelte, legere, telle que l'offre la jeuneffe exercée ; car le développement du corps eft un effet de l'action répétée de toutes fes parties, comme le développement de l'efprit s'opere par l'ufage fréquent de fes facultés.

L'âge viril fe caractérife par une dimenfion moins allongée. La Statue d'Hercule, qu'on nomme l'*Hercule Farnefe*, a fept *têtes*, trois *parties*, fept *modules*. Il fembleroit que l'Artifte auroit voulu faire fentir, par cette petite diminution,

---

[d] Pour l'intelligence des dimenfions que je vais citer, il faut que le Lecteur adopte l'ufage de mefurer la figure à l'aide de la longueur de la tête. La tête fe divife en quatre fois la longueur du nez, qu'on nomme *Parties* ; & le nez, qui eft le quart de la tête, en douze parties égales, qu'on appelle *Modules*.

la confiftance, &, pour parler ainfi, l'appui que laiffent prendre aux hommes de cet âge leurs mouvements plus réfléchis & moins impétueux.

L'approche de la vieilleffe doit donner encore un caractere plus quarré, qui dénote l'appefantiffement des parties folides. Le Laocoon n'a que fept têtes, deux parties, trois modules.

Dans l'extrême vieilleffe enfin, le dépériffement réel occafionne différents changements dans la proportion, qui ne doivent plus être évalués.

L'Artifte, qui ne doit rien négliger de ce qui peut rendre fes figures caractérifées, évite de fe borner à une feule proportion dans toutes fes figures; & fuivant l'exemple qu'en donne fur-tout Raphaël, il affortit, à chaque âge, la proportion & le caractere qui lui conviennent.

Différence de proportions occafionnées par la différence du fexe.

Les variétés, dans les proportions, font encore occafionnées par la différence du fexe.

Indépendamment de la hauteur totale qui eft moindre dans les femmes, elles ont le col plus allongé, les cuiffes plus courtes, les épaules & le fein plus ferrés, les hanches plus larges, les bras plus gros, les jambes plus fortes, les pieds plus étroits : leurs mufcles moins apparents rendent les contours plus égaux, plus coulants, & les mouvements plus doux,

Les

Les jeunes filles.ont la tête petite , le col allongé , les épaules abaissées , le corps menu , les hanches un peu grosses, les cuisses & les jambes un peu longues , & les pieds petits.

Les Anciens donnent sept *têtes* & trois *parties* de hauteur à Vénus : telle est la Statue de Vénus Médicis , & la proportion de la Déesse Beauté.

La Statue qu'on connoît sous le nom de la Bergere Grecque , qui peut-être est Diane , ou une de ses Nymphes sortant du bain, a, dans la proportion de sept têtes , trois parties & six modules, un caractere qu'elle doit , sans doute, à l'exercice de la chasse , & aux danses qui devoient rendre la taille des Nymphes svelte & agile.

Peut-être trouveroit-on aussi dans les proportions des Minerves, des Junons & des Cybèles, ces petites différences, qui, lorsque les Arts sont arrivés à leur perfection , établissent des nuances moins sensibles à l'œil qui calcule, qu'au sentiment qui saisit, & au goût qui discerne.

L'âge & le sexe n'ont pas le droit exclusif de caractériser les proportions du corps humain. Le rang , la condition, la fortune , le climat & le tempérament contribuent à causer, dans les développements des proportions, des différences sensibles.

Il n'est pas nécessaire que les Artistes s'appesantissent sur les effets de toutes ces causes ; mais il ne peut être qu'agréable pour eux, & avantageux pour leur Art, de faire des réflexions, & sur-tout des observations, dont les occasions se

K

préfentent continuellement dans la vie civile.

Ils remarqueront, par exemple, qu'il eft des hommes, dont la conftitution & le tempérament occafionnent une proportion pefante. Leurs mufcles paroiffent peu diftinéts les uns des autres : ils ont la tête groffe, le col court, les épaules hautes, l'eftomach petit, les cuiffes & les genoux gros, les pieds épais. Et c'eft ainfi que l'Artifte Grec, en ne faifant qu'effleurer toutes ces particularités, a caraétérifé le jeune Faune. Ils verront qu'il en eft d'autres, d'après lefquels fans doute les Anciens caraétérifoient leurs héros & leurs demi-Dieux, qui, dans une conformation toute différente, ont les articulations des membres bien nouées, ferrées, peu couvertes de chair ; la tête petite, le col nerveux, les épaules larges & hautes, la poitrine élevée, les hanches & le ventre petits, les cuiffes *mufclées*, les principaux mufcles relevés & détachés, les jambes feches par en bas, les pieds minces & la plante des pieds creufe.

Il n'eft que trop vraifemblable que les mœurs occafionnent infenfiblement des variétés phyfiques dans la conftitution & dans les développements de la forme du corps. Les délicateffes qui préfident à l'enfance diftinguée ou opulente, l'averfion des exercices du corps qui détermine la jeuneffe voluptueufe à partager les délices & la nonchalance des femmes, l'engourdiffement prématuré qui, dans l'âge viril, fuccede à l'abus exceffif des plaifirs ; enfin, la caducité précoce qui fe fait fentir par une influence plus prompte & plus pefante dans

les Villes capitales des Nations floriffantes que par-tout ailleurs, doit, de génération en génération, abatardir les races,
& changer peut-être les proportions des corps.

Je ne parle pas des extravagances des modes, parce qu'elles
n'ont point d'empire réel fur les dimenfions que la nature a
fixées : cependant, elles en impofent trop fouvent aux Artiftes affez foibles pour s'y prêter, & rendent plus vagues les
idées de proportion qu'il feroit à fouhaiter, pour le progrès
des Arts, qu'on eût inceffamment préfentes dans leur plus
grande exactitude.

J'ai confidéré jufqu'ici, en parlant des proportions, le
corps en repos ; je dois ajouter que le mouvement y occafionne des changements très-diftincts & très-apparents.

Un membre étendu pour donner ou pour recevoir, éprouve, par exemple, un accroiffement ; & l'on obferve une infinité de ces *anomalies* ou irrégularités dans les actions de
compreffion, de relâchement, d'extenfion, de fléchiffement,
de contraction & de raccourciffement.

Un homme affis à terre, qui fe preffe & fait effort pour
ajufter à fa jambe une chauffure étroite, éprouve un raccourciffement d'un fixieme dans la partie antérieure du corps ; tandis que par un effet contraire, fon bras, en fe courbant, s'al-
longe d'une huitieme partie, parce que la tête de l'os du
coude fe développe, & fe montre, pour ainfi dire, hors de
fon articulation.

On peut obferver la même extenfion dans le *calcaneum*

ou talon, lorfque l'on plie le coudepied.

Il eft évident, par ces exemples, que les paffions, dont les mouvements font violents, doivent occafionner des diffé-rences fenfibles dans les proportions : s'il eft poffible de les appercevoir, il eft bien difficile de les réduire en calculs.

Toutes ces variétés de proportion font principalement l'ouvrage de la Nature : mais l'art qui eft fon émule, ne pour-roit-il pas prétendre auffi au droit d'en opérer, lorfqu'il les croit favorables à fes illufions ?

Ne pourroit-on pas établir une théorie des rapports, qui s'exerçât fur la diverfité des pofitions & des lieux où l'on place les ouvrages des Arts ?

Le vague de l'air ; les oppofitions des fabriques ou des arbres ; les lieux vaftes ou renfermés, élevés ou profonds ; les expo-fitions aux différents afpects du foleil ; le voifinage des mon-tagnes, des rochers, ou l'ifolement dans une plaine ; voilà quels feroient les points de différences à établir, & peut-être de changements à fe permettre dans quelques-unes des di-menfions reçues. Mais fi l'art doit être flatté de pouvoir, pour ainfi dire, ajouter quelquefois à la nature ; il doit être inti-midé des rifques qu'il court, lorfqu'il ofe regarder les licen-ces comme des fources particulieres de beauté.

Je termine ces réflexions fur les Proportions, par quelques Planches dans lefquelles font marqués les détails de prefque toutes les proportions d'une figure. Explication que je place ici, moins pour les Artiftes, que pour les gens du monde

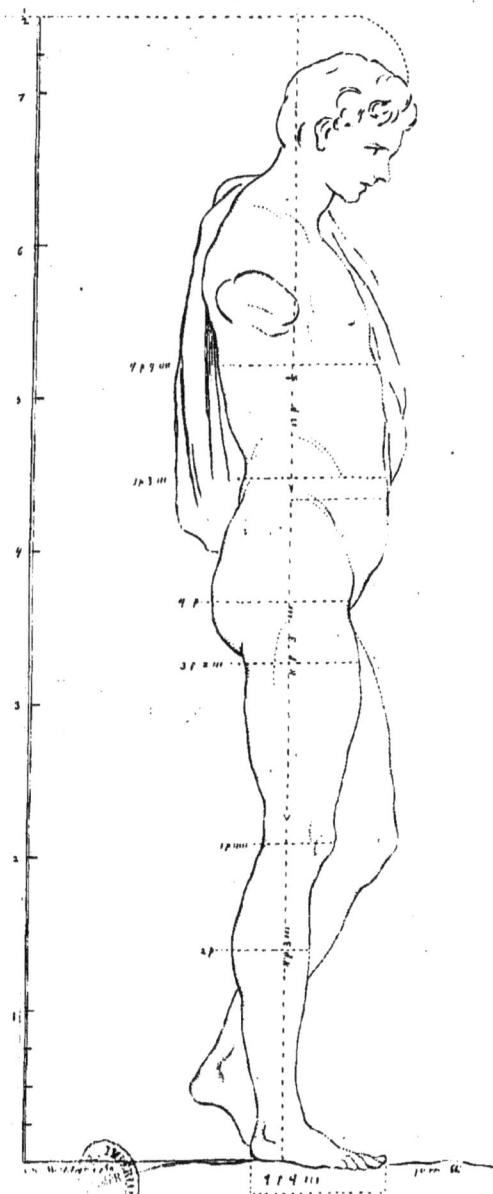

Pl. I. pag. 76.

Cette Fig. qui représente l'Antinoüs a 7 têtes ½ de proportion, comme on le voit par l'Echelle. La tête se divise en 4 parties, chaque partie en 12 modules ou minutes.

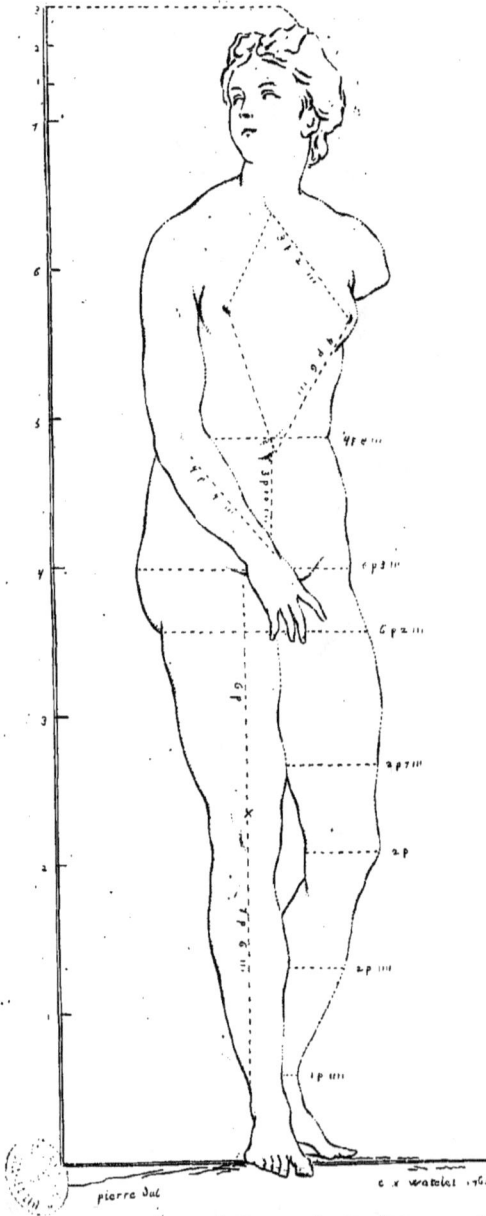

Pl. II. pag. 76.

Fig. représentant la Statue antique de Venus de Medicis, avec l'échelle des proportions.

qui pourroient defirer d'avoir quelque idée de ces recherches qu'Albert Durer , Leonard de Vinci , Paul Lomazzo ,
& plufieurs autres ont publiées , avec toutes les particularités qui leur font propres.

DE L'ENSEMBLE.

✦✦✦

DE LA RÉUNION DES PARTIES PROPORTIONNÉES
D'UN CORPS, NAIT SON ENSEMBLE.

L'ENSEMBLE eſt ce que préſente à la vue l'union des parties d'un tout.

L'Enſemble d'une figure eſt l'union des parties proportion-nées qui ſont néceſſaires à ſa conformation.

Il eſt des figures animées dans leſquelles la Nature a négligé l'Enſemble.

Leurs membres mal proportionnés & déſaſſortis ſont unis d'une façon qui nous bleſſe, parce qu'elle n'eſt pas conforme à l'ordre général, & qu'elle ſe refuſe aux fonctions les plus néceſſaires.

Il eſt des Peuples entiers qui , par un préjugé bizarre, contrarient la Nature , & parviennent à changer quelques parties de leur Enſemble naturel ; tels que ceux qui s'applatiſſent la tête , le nez , ou qui s'allongent exceſſivement les oreilles.

Il eſt auſſi des hommes chez les Peuples civiliſés qui affe* ctent une eſpece de déſunion & de nonchalance dans leur démarche & dans leur contenance, dont l'oiſiveté , la molleſſe , le caprice & une vanité puérile ſont les cauſes.

Il en eſt enfin dans leſquels les travaux forcés , ou quelque poſition particuliere & néceſſaire à l'état qu'ils exercent, défigurent l'Enſemble que la Nature donne le plus généralement aux hommes.

En enchaînant les réflexions que j'ai faites ſur les Proportions à celles-ci , on ſentira que l'Enſemble le plus parfait eſt celui des hommes ou des femmes, dont le corps bien proportionné n'a eſſuyé aucune gêne continue, dont les membres ont été développés & fortifiés par un exercice qui n'a point été exceſſif, & dont les perfections corporelles n'ont point été corrompues par les effets deſtructeurs des vices , des paſſions immodérées , ou par les affectations ridicules de la fantaiſie , & les égarements de l'eſprit.

Les attitudes & les formes , pour ainſi dire , que font prendre à la figure humaine les beſoins , les ſenſations , les paſſions & les mouvements involontaires qui l'agitent , diminuent donc ou augmentent la perfection corporelle,

dont

dont fa conftruction la rend fufceptible.

La connoiffance de l'Anatomie ne doit point abandonner l'Artifte dans l'étude de cette nouvelle partie de fon Art. Fidelle compagne de l'obfervation, après avoir éclairé fur les proportions générales & particulieres, elle doit approfondir la liaifon des parties les unes avec les autres, & conduire à leur mouvement.

C'eft fur la connoiffance de l'Enfemble qu'influent principalement les apparences des mufcles, & leur union avec les os.

Les os *, qu'on doit regarder comme la charpente du corps, établiffent, pour chaque partie, des proportions en quelque forte invariables : les mufcles & les tendons qui attachent & uniffent les os les uns aux autres occafionnent des variétés dans les formes.

Les mufcles font des maffes charnues, compofées de fibres; ils font les inftruments principaux des mouvements du corps. Ils ont une extrémité qui s'attache à un point fixe; elle fe nomme la *tête* : le milieu s'appelle le *ventre*; & le tendon ou extrémité eft la *queue des mufcles*. Les fibres charnues en compofent le corps ou le ventre, & les fibres tendineufes forment fes extrémités.

L'action du mufcle confifte dans la contraction de fon ventre qui rapproche les extrémités l'une de l'autre, & qui

---

* Les Os font couverts par des mufcles qui fouvent le font eux-mêmes par d'autres; & les mouvements combinés qui en réfultent, forment à tous moments des différences dans l'apparence de l'Enfemble, fur-tout lorfque l'Enfemble eft confidéré animé & mis en mouvement.

L*

faifant ainfi mouvoir la partie où le mufcle a fon infertion, doit, par une élévation plus marquée dans fon milieu, donner extérieurement aux membres des apparences différentes : ainfi ces apparences font décidées dans chaque action, dans chaque attitude, & par conféquent rien n'eft arbitraire dans les formes qu'on doit leur donner.

L'Artifte doit donc principalement prendre garde au ventre ou milieu du mufcle, & fe fouvenir que fon mouvement fuit toujours l'ordre des fibres qui vont de l'origine à l'infertion, & qui font comme autant de filets.

On ne peut trop infifter fur la néceffité d'étudier les parties de l'Anatomie.

Ces parties font, comme je l'ai dit, l'Oftéologie & la Myologie. Elles font généralement trop négligées, parce qu'elles paroiffent défagréables & rebutantes. Qu'y a-t-il cependant de plus intéreffant pour un Artifte, que de connoître l'intérieur des objets dont l'imitation eft fon occupation continuelle ?

Comment imiter avec précifion, dans tous fes mouvements combinés, une figure mobile, fans avoir une idée jufte des refforts qui la font agir ?

Si l'on croit y parvenir par l'infpection réitérée de l'apparence extérieure, on fe trompe ; parce qu'il n'eft pas poffible de faire tenir long-temps les modeles dont on fe fert, quelque dociles qu'ils foient, dans les attitudes qu'on veut imiter.

Ces attitudes, lorfqu'elles doivent être l'effet d'une paffion

vive , ne durent jamais , dans la nature même , qu'un inftant , parce qu'elles fe plient aux nuances fucceffives que
les paffions parcourent rapidement.

D'ailleurs , quand on pourroit fe flatter d'avoir des modeles
intelligents , dociles & patients , ce ne feroit encore qu'en
tâtonnant qu'on imiteroit , d'après eux , cette correfpondance
précife que doivent avoir les mouvements de tous les membres entre eux , & avec les parties qui varient au moindre
changement des attitudes.

Ceux qui ambitionnent les fuccès fatisfaifants doivent
favoir pourquoi & comment ils ont réuffi. Il eft donc néceffaire , qu'après avoir étudié avec foin & avec réflexion les
deux parties de l'Anatomie dont j'ai parlé , l'Artifte ne deffine
jamais un Enfemble , qu'il ne fe rende compte de la caufe intérieure des formes qu'il trace.

Un ordre méthodique dans l'étude de l'Enfemble , eft , je
crois , non-feulement utile , mais abfolument néceffaire ;
parce que dans tous les genres de connoiffances , les progrès
dépendent fur-tout de la fuite dans laquelle on place les idées
relatives.

Je crois donc qu'on doit prendre d'abord pour objet d'é-
tude & d'imitation les os , & les mufcles qui les couvrent. Une
étude fuivie de ces objets , dans les premieres années de la
jeuneffe , pourroit les imprimer de maniere à ne les oublier
jamais.

Ce feroit alors qu'en paffant à l'étude de l'Antique , on

retrouveroit avec plaifir des effets dont on connoîtroit les caufes : alors la nature même ne paroîtroit plus étrangere, comme elle l'eft à la plus grande partie de ceux qui tâtonnent en l'imitant, & qui ne peuvent rendre raifon d'aucun des mouvements intérieurs dont ils exécutent l'effet.

Il eft ordinaire de croire que l'étude trop profonde des parties anatomiques peut conduire à une féchereffe, ou à une affectation, dont il y a quelques exemples dans l'hiftoire des Arts.

Il eft aifé de répondre, qu'à la vérité un vain defir de montrer des connoiffances peut conduire à l'affectation ; mais que les fciences ne doivent point fouffrir des abus qu'on en peut faire.

La nature elle-même exige de l'Artifte, qu'après avoir approfondi les principes de la conformation intérieure par la démonftration de l'arrangement des os, & qu'après avoir découvert les refforts qui opérent les mouvements, par l'étude des mufcles, il dérobe aux yeux des fpectateurs, dans les ouvrages qu'il compofe, une partie des fecrets qui lui ont été révélés.

Une membrane fouple & fenfible, qui voile & défend nos refforts, eft l'enveloppe tout à la fois & néceffaire & agréable, qui adoucit l'effet des mufcles, & d'où naiffent la liaifon & la douceur des mouvements.

Plus le Sculpteur & le Peintre ont profondément étudié la conftruction intérieure de la figure, plus ils doivent avoir

d'attention à ne pas se parer indifcretement de leurs connoiffances ; plus ils doivent de foins à imiter l'adreffe que la Nature emploie à cacher fon méchanifme.

Proportion noble & mâle , que notre imagination exige
dans l'image des Héros ;

Enfemble flexible & délicat qui nous plaît & qui nous
intéreffe dans les Femmes ;

Incertitude des formes dont les développements imparfaits
font les agréments de l'Enfance ;

Caractere fvelte & leger , qui dans la jeuneffe de l'un & de
l'autre fexe rend les articulations à peu près femblables , &
produit des mouvements naïfs & pleins de graces :

Telles font les apparences charmantes fous lefquelles la
Nature cache ces os, dont la feule idée femble nous rappeller
l'image de la deftruction , & ces mufcles dont la multitude &
la complication effrayeroient la plupart de mes lecteurs, fi
je leur en faifois ici le détail[e].

Il eft une union générale qui eft néceffaire pour parvenir
à la perfection d'un Tableau. On l'appelle *Tout-Enfemble.*

Celui de l'Univers eft cette chaîne prefque entiérement
cachée à nos yeux, d'où réfulte l'exiftence fuivie & confé-
quente de tout ce dont nos fens jouiffent.

Le *Tout-Enfemble* d'un Tableau eft la correfpondance convenable de toutes fes parties : enchaînement connu des Arti-

[e] On peut voir ces détails que j'ai développés dans l'article *FIGURE* de l'Ency-
clopédie. On en trouvera plufieurs autres
dans ce même Ouvrage , depuis le mot
DESSEIN , jufqu'à la lettre *H* exclufive-
ment.

ftes éclairés qui le font fervir de bafe à leurs productions ; tiffu myftérieux , invifible à la plupart des fpectateurs deftinés feulement à joüir des beautés qui en réfultent.

Chacune des parties de la Peinture qui contribuent à la production d'un Tableau eft en droit de réclamer ce mot d'*Enfemble* , pour exprimer l'affortiment qui eft de fa dépendance.

Ainfi , il eft un *Enfemble de compofition.* Les Acteurs d'une fcene hiftorique peuvent fans doute être fixés dans les écrits des Auteurs qui nous l'ont tranfmife : la forme du lieu où elle fe paffe peut auffi fe trouver très-exactement déterminée par leur recit ; mais il n'en reftera pas moins , au choix de l'Artifte , un nombre infini de combinaifons que peuvent éprouver entre eux les perfonnages effentiels & les objets décrits.

C'eft au Peintre à créer cet Enfemble de compofition. Celle des combinaifons poffibles , à laquelle il s'arrête , eft l'Enfemble de la compofition : il eft plus ou moins parfait , felon que l'Artifte a plus ou moins réuffi à rendre l'arrangement des grouppes vraifemblable , les attitudes juftes , les mœurs & les ufages conformes aux temps & aux lieux , les draperies naturelles , les fonds convenables , & jufqu'aux acceffoires bien choifis & bien difpofés.

Il eft encore un *Enfemble d'intérêt,* qui réfulte de la part que chacun de ceux qui participent à un événement y prend. L'efprit & l'ame des fpectateurs veulent être fatisfaits , ainfi que leurs yeux : ils defirent pour cela que les fentiments , dont l'Artiste a prétendu leur faire passer l'idée, ayent, dans les figures représentées, une liaison, une conformité, une dépendance, enfin un Ensemble qui existe dans la Nature, & qui a lieu dans le moral, comme dans le physique. Car, dans un événement qui occasionne un concours de personnes de différents âges, de différentes conditions, de différent sexe, l'effet qu'il produit emprunte des apparences différentes de la force, de la foiblesse, de la sensibilité, de l'éducation, de l'âge des spectateurs.

Il est encore un Ensemble qui regarde le Coloris : c'est celui dont je vais bien-tôt parler, sous le nom d'*Harmonie de la Couleur & du Clair-obscur.*

Je dois, pour suivre l'ordre que j'ai prescrit à ces Réflexions, rappeller en deux mots, que les parties proportionnées, lorsqu'elles sont unies les unes aux autres, forment ce qu'on appelle l'*Ensemble de la Figure.*

L'Ensemble une fois formé, il en résulte un corps soumis aux loix établies dans la Nature.

Si ce corps ou cette figure est animée, elle possede un principe intérieur de mouvements qui se combinent avec ceux qui lui sont étrangers.

Elle est en action ou en repos : Et c'est de l'action & du repos des Figures que naissent leur Equilibre ou Pondération, & la science de leurs mouvements.

DE

DE L'ÉQUILIBRE

OU PONDÉRATION;

ET

DU MOUVEMENT DES FIGURES.

Toute efpece de corps dont les extrémités ne font point contenues de toutes parts, & balancées fur leur centre, doit néceffairement tomber & fe précipiter.

Si les extrémités d'une figure font contenues & balancées fur un centre; cette figure, fans mouvement, eft en équilibre.

L'Equilibre, dit Leonard de Vinci, fe divife en deux parties :

L'Equilibre fimple, & l'Equilibre compofé.

.M

L'Equilibre fimple, eft celui qui fe remarque dans un homme qui eft debout, fur fes pieds, fans fe mouvoir.

S'il eft également appuyé fur les deux pieds, le corps a
fon centre de gravité fur une ligne qui tombe au point milieu
qui fe trouve entre les deux pieds. S'il s'appuye fur une feule
jambe, le centre de gravité de tout le corps fera partie de la
ligne perpendiculaire qui tombera fur le milieu du pied qui
pofe à terre.

L'Equilibre compofé, eft celui qu'on voit dans un homme
qui foutient dans diverfes attitudes un poids étranger.

C'eft ainfi qu'il fe montre dans Hercule : par exemple, lorfqu'il étouffe Anthée qu'il fufpend en l'air, & qu'il preffe avec
fes bras contre fon eftomach. Il faut, dans cette occafion, que
la figure d'Hercule ait autant de fon poids au-delà de la ligne
centrale de fes pieds, qu'il y a du poids d'Anthée en deçà de
cette même ligne.

On voit, par ces explications, que l'Equilibre d'une
figure eft le réfultat des moyens qu'elle employe pour fe
foutenir, foit dans le mouvement, foit dans une attitude de
repos.

L'Artifte qui repréfente une figure ne peut, à la vérité,
produire qu'une image immobile de l'homme qu'il imite :
mais il peut choifir cette imitation dans la fucceffion de différents moments des actions les plus vives & les plus animées,
comme dans celle du plus parfait repos. Parce qu'on peut
confidérer l'action d'une figure, comme le réfultat d'un nom-

bre infini d'attitudes, dont chacune a eu un moment de ftabilité.

C'eft ainfi que le Géometre confidere le cercle le plus parfait, comme un polygone d'une infinité de côtés.

Une action, quelque vive qu'elle foit, doit donc être confidérée comme une fuite de combinaifons dans les parties d'une figure, dont chacune a eu un inftant de durée ; & chacune de ces combinaifons eft propre à être repréfentée.

Par une loi que la nature impofe aux corps qui fe meuvent, la figure en action doit paffer alternativement & continuellement de l'Equilibre, qui confifte dans l'égalité du poids de fes parties balancées & repofées fur un centre, à la ceffation de cet équilibre, c'eft-à-dire, à l'inégalité du balancement.

Le mouvement naît de la rupture du parfait équilibre ; & le repos vient du rétabliffement de ce même équilibre.

Le mouvement fera d'autant plus fort, plus prompt & plus violent, que la figure dont le poids eft également partagé de chaque côté de la ligne qui la foutient, en ôtera plus d'un de ces côtés, pour le rejetter de l'autre, & cela avec une plus grande précipitation.

Par une fuite de ce principe, un homme ne pourra remuer, ou enlever un fardeau, qu'il ne tire de foi-même un poids plus fort que celui qu'il veut mouvoir, & qu'il ne le porte d'abord du côté oppofé à celui où eft le fardeau qu'il veut enlever.

De-là on doit inférer que, pour parvenir à donner l'idée

jufte du mouvement dans une figure repréfentée , il faut que
le Peintre faffe en forte que fes figures démontrent dans leur
attitude la quantité de poids ou de force qu'elles empruntent
pour l'action qu'elles font prêtes d'exécuter.

J'ai dit la quantité de force ; parce que, fi la figure qui fup-
porte un fardeau , rejette d'un côté de la ligne qui partage le
poids de fon corps , ce qu'il faut de plus de ce poids pour balancer le fardeau dont elle eft chargée; de même la figure, qui
veut lancer une pierre ou un dard , emprunte la force dont
elle a befoin par une contorfion d'autant plus violente, qu'elle
veut porter fon coup plus loin : encore eft-il néceffaire , pour
porter fon coup, qu'elle fe prépare , par une pofition anti-
cipée , à revenir aifément de cette contorfion à la pofition
où elle étoit , avant que de fe gêner.

C'eft ce qui fait qu'un homme qui tourne, & avance la pointe de fes pieds vers le but où il veut frapper ; & qui enfuite re-
cule fon corps , ou le contourne pour acquérir la force dont
il a befoin , en acquerra plus que celui qui fe poferoit diffé-
remment ; parce que la pofition de fes pieds facilite le retour
de fon corps vers l'endroit qu'il veut frapper , qu'il y revient
avec vîteffe , & s'y retrouve placé commodément.

Cette fucceffion d'égalité & d'inégalité de poids, dans des
combinaifons innombrables, fe remarque aifément, lorfqu'on
y prête attention.

Notre inftinct continuellement exercé à cette fcience fe-
crette , en fait fervir les principes à exécuter nos volontés ,

avec une précifion géométrique que nous ne favons pas poffé-
der à un point fi parfait.

Ces effets fe remarquent d'une façon plus fenfible, lorfqu'on fe donne la peine d'examiner les danfeurs, & les fau-
teurs, dont l'art confifte à en faire un ufage plus raifonné &
plus recherché.

Les faifeurs d'équilibre, & les funambules ou danfeurs de
corde, en offrent des démonftrations frappantes ; parce que
dans les mouvements qu'ils fe donnent fur des appuis moins
folides, & fur des points de furface plus bornés, l'effet des
poids eft plus remarquable & plus fubit, fur-tout lorfqu'ils
exécutent leurs exercices fans appui, & qu'ils marchent ou
fautent fur la corde, fans contrepoids.

Il eft aifé d'appercevoir l'emprunt qu'ils font à chaque inftant d'une partie du poids de leur corps, pour foutenir l'autre, & pour mettre alternativement le poids total ou dans
un balancement ou dans une égalité qui produit leurs mouvements, & le repos de leurs attitudes.

C'eft alors qu'on voit dans la pofition de leurs bras, le principe de ces contraftes des membres qui nous plaifent, parce
qu'ils font fondés fur la Nature même qui en a établi la néceffité.

Plus, dans un Tableau, les contraftes font juftes & conformes à la Pondération néceffaire, plus ils fatisfont le fpectateur, fans qu'il fe rende abfolument compte des raifons de
cette fatisfaction qu'il reffent.

L'Artiste, qui ne doit point agir par instinct, doit envisager ces principes ; & c'est ainsi que la chaîne qui unit les connoissances humaines, joint ici les loix du mouvement à l'art du Dessein, comme elle a réuni cet Art à l'Anatomie, lorsqu'il s'est agi des Proportions & de l'Ensemble, & comme elle rassemblera le Chymiste & le Peintre, pour l'objet physique des Couleurs.

Ces points de réunion des Sciences & des Arts, font les effets de la multiplicité & de l'étendue des connoissances.

Il est certain que, dans l'ordre général, elles doivent toutes s'enchaîner, pour ne former qu'un seul tissu. Ce qui s'oppose à rendre cet enchaînement aussi-bien lié, qu'il faudroit qu'il le fût, pour l'utilité générale, c'est la difficulté que les Artistes & les Savants éprouvent à s'entendre clairement les uns & les autres, lorsqu'ils se communiquent leurs besoins réciproques.

Mais revenons au sujet de ces Réflexions, dont je me suis un peu écarté.

J'ai dit dans l'exposition que j'ai faite de l'ordre de ces Réflexions, que de la Proportion, de l'Ensemble, & de ce qui concerne l'Equilibre des Figures & leurs mouvements, naissoient la Beauté & la Grace.

Je crois l'enchaînement & la génération de ces premieres parties suffisamment exposés par les explications que j'en ai faites. On a vu les Proportions fournir les matériaux de l'Ensemble. On a vu l'Ensemble donner lieu aux loix de l'Equilibre. On a vu ce même Equilibre établi dans le repos, s'interrompre pour donner lieu au Mouvement des Figures.

Ce Mouvement, ainſi que ce qui l'a précédé, va ſervir de même à développer les idées de la Beauté & de la Grace.

DE LA BEAUTÉ.

DE LA BEAUTÉ*.

L E MERVEILLEUX excite l'admiration.

L'utile produit le defir.

Le beau nous affecte d'un fentiment qui, tout à la fois, joint l'admiration au defir, & fait naître l'amour.

Quelle étendue de connoiffances, & quel temps ne faudroit-il pas employer, pour démêler & faire diftinguer aux autres en quoi confifte la beauté particuliere de chacune des productions de la Nature! Le fentiment fupplée à cette difficulté; & comme la Nature nous fait fouvent agir pour notre confervation, avant que d'avoir réfléchi: de même, pour l'intérêt de nos plaifirs, elle nous fait fentir inopinément ce qui

---

* Je parle de la *Beauté*, fans reftraindre ce mot à un feul objet ; & j'entends le mot d'*Amour*, dans un fens général.

N

eſt beau, & nous laiſſe le ſoin de nous rendre compte, ſi nous le pouvons, de la cauſe de cette ſenſation ſi douce qu'excite en nous la Beauté.

Dans cette marche ordinaire à la Nature, on voit qu'il eſt peu de réflexions, ſur ce ſujet, qui égalent ce qu'une ame ſenſible & délicate peut en apprendre.

Quant aux Artiſtes, que je dois avoir le plus particuliére-ment en vue, l'habitude qu'ils ſe formeront, en conſultant ſouvent les ouvrages qui ſont, de l'aveu de pluſieurs ſiecles, les imitations de la Beauté, les mettra ſur la voie, ou les con-tiendra dans la route qu'ils doivent tenir. En comparant ces Modeles antiques avec la Nature, en méditant ſur ces compa-raiſons, en élevant leur eſprit, j'oſe dire même en épurant leurs cœurs, ils ſe feront une habitude de penſer la Beauté, de la ſentir & de la rendre.

Mais après leur avoir indiqué le moyen le plus ſûr que je connoiſſe de déterminer la Beauté dans les Arts, après les avoir exhortés à s'en occuper continuellement, je vais hazar-der, par une digreſſion qui tient de près à ce ſujet, des idées peut-être ſuſceptibles d'être combattues, mais que je ſoumets au Lecteur, comme une ſimple ſpéculation.

Le ſoin de notre conſervation eſt le principal but, & l'objet le plus naturel de nos mouvements. Par-là, ſe trouve établi un rapport de notre conformation avec une grande partie de nos actions.

Mais le rapport le plus parfaitement juſte entre cette

conformation du corps humain & les mouvements qui lui font néceffaires, quelles idées fait-il naître ; fi ce n'eft celle qu'exprime ce mot *Beauté*, lorfque nous le prenons généralement, & qu'il femble lié au terme de perfection ?

Les mouvements les plus effentiels & les plus ordinaires à l'homme, font ceux par lefquels il fe tourne en tout fens, pour découvrir ce qu'il fouhaite, ou ce qu'il craint. Il s'éleve pour faifir quelqu'objet qui eft élevé ; il plie fon corps, pour s'approcher de ce qui eft au-deffous de fa portée ; il fe tient en équilibre, pour reprendre fes forces, & fe fixer où il lui eft néceffaire qu'il foit. Il fait ufage de fes facultés pour attaquer ou pour fe défendre ; il fe tranfporte d'un lieu à un autre, avec lenteur, s'il eft tranquille, & en précipitant fa marche, s'il defire, ou s'il appréhende.

Tous ces mouvements feront d'autant plus faciles à exécuter par l'homme à qui ils font néceffaires, que fa conformation fera plus développée & plus parfaite.

Auffi le terme de Beauté n'a-t-il jamais une expreffion plus frappante, que lorfqu'on l'applique à la jeuneffe, parce que c'eft l'âge dans lequel l'homme atteint au développement parfait des Proportions & de l'Enfemble qui le rendent le plus convenable, qu'il lui eft poffible de l'être, à toutes les actions qui lui font propres.

Remarquez la jeuneffe au moment où elle eft prête à atteindre le dernier degré de développement des Proportions & de l'Enfemble : cette jeuneffe parfaitement conformée, dont les

N ij

mouvements faciles font par conféquent agréables, & dont les mouvements prompts & adroits lui font par-là plus utiles. Voilà ce qui renferme véritablement toutes les idées de la Beauté.

Mais s'il arrive que les actions & les mouvements naturels que j'ai détaillés ci-deffus deviennent, parmi des hommes raffemblés & civilifés à un certain point, moins ufités qu'ils ne devroient naturellement l'être ; dès-lors l'idée qu'ils auront de la Beauté ne fera plus fi intimement liée à cette relation des proportions des membres avec leur ufage primitif.

Or, plus un peuple approche de la molleffe, plus cette relation des proportions du corps avec les mouvements fimples diminue ; parce qu'une induftrie réfléchie, qui fupplée à une infinité de mouvements, fait qu'ils font moins néceffaires & moins répétés.

Dans cette Nation que je fuppofe, il fe trouvera, je crois, entre les habitants de la capitale & ceux des campagnes un peu éloignées, une différence affez remarquable.

Les défauts de conformation feront moins apparents parmi les citoyens, que parmi les payfans, parce que l'art de cacher ces défauts eft établi chez les premiers, & que l'induftrie parvient à les déguifer.

Les mouvements des payfans tiendront plus à ce rapport que j'ai établi entre les befoins & la conformation.

En effet, fi les habitants de la campagne fe fervent peu, en général, du mot de Beauté, ils diftinguent très-bien, ils louent & ils eftiment ; la force, la foupleffe, l'agilité & par conféquent la perfection du corps tient encore chez eux à la conformation relative aux actions qui font propres aux hommes.

Enfin, fi dans la capitale, & chez ce peuple civilifé, on porte des vêtements qui ne laiffent pas appercevoir les proportions & les emboitements des membres ; fi les habillements des femmes ne laiffent apparents que la tête, une petite portion des bras & les extrémités des pieds, ce mot *Beauté* ne fignifiera bien-tôt plus que la meilleure conformation de la tête, du bras & du pied.

Or, les mouvements, les actions, & les habillements éprouvent les effets dont je viens de parler, par les progrès de l'induftrie, par les conventions, par le luxe ; & conféquemment, ce qu'on entend par la Beauté, en éprouve de relatifs.

Les exercices, les divertiffements tels que la chaffe, la danfe, les jeux d'adreffe entretiennent les idées de perfection, lorfque la molleffe ne les exclut pas.

Les fpectacles aideroient peut-être encore à les conferver, fi la Nature pouvoit n'y pas être fubordonnée à l'affectation & aux conventions les plus folles.

L'idée primitive de la Beauté fe perdra-t-elle donc totalement dans les Nations civilifées ? Non : les Arts la confervent.

La Sculpture & la Peinture ont fervi aux Grecs à étudier,

à connoître & à fixer la beauté des corps *f*. Ils ont eu ces idées plus développées, plus senties, & par conséquent plus évidentes que nous ne les avons, à cause des jeux, des combats & des exercices qui offroient à leurs yeux très-fréquemment le rapport des proportions des parties, avec l'usage de ces parties.

Les Grecs destinés à jouir & à décider des Arts, étoient instruits à sentir & à juger, en même temps que leurs Artistes l'étoient à choisir & à imiter.

Leurs Statues sont devenues des regles : on les a copiées, on les a multipliées ; les métaux & les marbres nous les ont conservées. La Peinture s'est réglée sur ces modeles de vérité. Nos Artistes les comparent encore tous les jours à la Nature dévoilée dans leurs atteliers : & c'est ainsi que, par le ministere des Arts, l'industrie rend aux hommes l'image de la Beauté ; tandis que par le luxe elle leur en ôte, en quelque façon, la réalité.

---

f La véritable Poésie, celle des images, celle qui est conforme à la Nature, celle qui réunit l'approbation des différents siecles, contribue, ainsi que la Sculpture & la Peinture à conserver les idées simples & primitives.

DE LA GRACE.

La Grace, ainſi que la Beauté, concourt à la perfection. Ces deux qualités ſe rapprochent dans l'ordre de nos idées : leur effet commun eſt de plaire : quelquefois on les confond, plus ſouvent on les diſtingue : elles ſe diſputent la préférence qu'elles obtiennent, ſuivant les circonſtances. La Beauté ſupporte un examen réitéré & réfléchi : ainſi l'on peut diſputer le prix de la Beauté, comme firent les trois Déeſſes : tandis que le ſeul projet prémédité de montrer des Graces, les fait diſparoître.

Je crois que la Beauté, comme je l'ai dit, conſiſte dans une conformation parfaitement relative aux mouvements qui nous ſont propres.

La Grace conſiſte dans l'accord de ces mouvements avec ceux de l'ame.

Dans l'enfance & dans la jeuneſſe, l'ame agit d'une façon libre & immédiate ſur les reſſorts de l'expreſſion.

Les mouvements de l'ame des enfants ſont ſimples; leurs membres dociles & ſouples. Il réſulte de ces qualités une unité d'action & une franchiſe qui plaît.

Conſéquemment, l'enfance & la jeuneſſe ſont les âges des graces. La ſoupleſſe & la docilité des membres ſont tellement néceſſaires aux graces, que l'âge mûr s'y refuſe, & que la vieilleſſe en eſt privée.

La ſimplicité & la franchiſe des mouvements de l'ame contribuent tellement à produire les graces, que les paſſions indéciſes ou trop compliquées les font rarement naître.

La naïveté, la curioſité ingénue, le deſir de plaire, la joie ſpontanée, le regret, les plaintes & les larmes mêmes qu'occaſionne la perte d'un objet chéri, ſont ſuſceptibles de graces, parce que tous ces mouvements ſont ſimples.

L'incertitude, la réſerve, la contrainte, les agitations compliquées & les paſſions violentes, dont les mouvements ſont en quelque façon convulſifs, n'en ſont pas ſuſceptibles.

Le ſexe, plus ſouple dans ſes reſſorts, plus ſenſible dans ſes affections, dans lequel le deſir de plaire eſt un ſentiment en quelque façon indépendant de lui, parce qu'il eſt néceſſaire au ſyſtême de la Nature : ce ſexe, qui rend la beauté plus intéreſſante, offre auſſi, lorſqu'il échappe à l'artifice & à l'affectation, les graces dans l'aſpect le plus ſéduiſant.

La jeuneſſe très-cultivée s'éloigne ſouvent des graces
　　　　　　　　　　　　　　　　　　　　qu'elle

qu'elle recherche ; tandis que celle qui eſt moins contrainte, les poſſede, ſans avoir eu le projet de les acquérir. C'eſt que l'eſprit éclairé & les conventions établies retardent ou affoibliſſent les mouvements ſubits tant de l'ame que du corps : la réflexion les rend compliqués. Plus la raiſon s'affermit & s'éclaire, plus l'expérience s'acquiert ; & moins on laiſſe aux mouvements intérieurs cet empire qu'ils auroient naturellement ſur les traits, ſur les geſtes, & ſur les actions.

L'âge mûr, qui voit ordinairement ſe perfectionner & la raiſon & l'expérience, voit auſſi les reſſorts extérieurs devenir moins dociles & moins ſouples.

Dans la vieilleſſe enfin, l'ame refroidie ne donne plus ſes ordres qu'avec lenteur, & ne ſe fait plus obéir qu'avec peine.

L'expreſſion & les graces s'évanouiſſent alors.

Les graces, telles que je viens de les définir, empruntent une valeur infinie de la plus parfaite conformation. Cependant les mouvements ſimples de l'ame n'ont peut-être pas, avec la perfection d'un corps bien conformé, le rapport abſolu qui exiſte entre cette parfaite conformation & les actions qui lui ſont propres.

Voilà pourquoi l'enfance, qu'on peut regarder comme un âge où le corps eſt imparfait, eſt ſuſceptible des graces, tandis que ce n'eſt que par convention qu'on peut lui attribuer la beauté.

Ce que j'ai dit ſuppoſe encore l'équilibre des principes de la vie, qui produit en nous la ſanté. Cet état commun à

O

tous les âges, dans les rapports qui leur conviennent, eſt favorable aux graces, & ſert de luſtre à la beauté.

Au reſte, cet accord des mouvements ſimples de l'ame avec ceux du corps, éprouve une infinité de modifications, & produit des effets très-variés.

C'eſt de-là que vient ſans doute l'obſcurité avec laquelle on en parle communément, & ce *Je ne ſai quoi*, expreſſion vuide de ſens qu'on a ſi ſouvent répétée, comme ſignifiant quelque choſe.

Les graces ſont plus ou moins apperçues & ſenties, ſelon que ceux aux yeux deſquels elles ſe montrent ſont eux-mêmes plus ou moins diſpoſés à en remarquer l'effet.

Qui peut douter qu'il ne ſe faſſe, quand nous ſommes très-ſenſibles aux graces, un concours de nos ſentiments intérieurs, avec ce qui les produit. Fixons quelques idées à ce ſujet.

Un homme indifférent voit venir à lui une jeune fille dont la taille proportionnée ſe prête à ſa démarche, avec cette facilité & cette ſoupleſſe qui ſont les caracteres de ſon âge. Cette jeune fille, que je ſuppoſe affectée d'un mouvement de curioſité, reçoit de cette impreſſion ſimple de ſon ame des charmes qui frappent les yeux de celui qui la regarde.

Voilà des graces naturelles, indépendantes d'aucune modification étrangere.

Suppoſons actuellement que cet homme, loin d'être indifférent, prenne l'intérêt d'un pere à cette jeune beauté qui l'apperçoit, & qui se rend près de lui. Suppofons encore que la curiofité qui guidoit les pas de la jeune fille foit chan-gée en un fentiment moins vague, qui donne un mouvement plus décidé à fon action & à fa démarche. Quel accroiffement de graces va naître de cet objet plus intéreffant, de cette ac-tion plus vive, & de la relation de fentiment, qui d'un côté produit un empreffement tendre, & qui de l'autre, rend le pere plus clairvoyant cent fois & plus fenfible aux graces de fa fille, que ne l'étoit cet homme défintéreffé!

Ajoutons à ces nuances :

Que ce ne foit plus un homme indifférent, ni même un pere, mais un jeune homme amoureux qui attend, & qui voit enfin arriver l'objet qu'il defire & qu'il chérit. Que cette jeune fille à fon tour foit une tendre & naïve amante, qui n'a pas plutôt apperçu celui qu'elle aime, qu'elle précipite fa courfe. Suppofez que le lieu dans lequel ces deux amants fe réunif-fent, foit ce que la nature peut offrir de plus agréable ; que la fcene foit éclairée par un jour choifi ; que la faifon favora-ble ait décoré de verdure & de fleurs le lieu du rendez-vous. Repréfentez-vous à la fois les charmes de la jeuneffe, la per-fection de la beauté, l'éclat d'une fanté parfaite, l'agitation vive & naturelle de deux ames qui éprouvent les mouvements les plus fimples, les plus relatifs, les moins contraints ; & voyez fe fuccéder alors une variété infinie de nuances dans les graces qui toutes infpirées, toutes involontaires, font par conféquent empreintes fur les traits, & exprimées dans les moindres actions & dans les moindres gestes.

Ainsi, parmi les impressions de l'ame qui se peignent dans nos mouvements, & dont je parlerai en réfléchissant sur les Passions, celle qui paroît la plus favorisée de la Nature, l'amour produit une expression plus agréable, plus universelle, plus sensible que toute autre, & dans laquelle la relation de l'ame & du corps qui fait naître les graces est plus intime & plus exactement d'accord.

Aussi les Anciens joignoient & ne séparoient jamais Vénus, l'Amour & les Graces : & la ceinture mystérieuse décrite par Homere n'est peut-être que l'emblême de ce sentiment d'amour si fertile en graces, dont Vénus toujours occupée empruntoit le charme que la beauté seule n'auroit pu lui donner.

Revenons au Peintre, pour lequel la connoissance des Proportions, de l'Ensemble, du Mouvement, de la Beauté & de la Grace devient inutile, s'il n'y joint l'étude de la Lumiere & de la Couleur. En effet, sans la Lumiere & la Couleur, toutes ces choses seroient comme non existantes pour nous, & le Peintre n'auroit rien à imiter.

DE L'HARMONIE
DE LA LUMIERE
ET
DES COULEURS.

Jusqu'ici ces Réflexions ont eu pour but des objets réels.

Mais la Lumiere femble ne préfenter aux yeux rien de corporel ; & l'ombre , qui n'eft autre chofe que la privation de la lumiere, eft une pure abftraction.

Cependant, non-feulement on imite la lumiere & l'ombre , mais on parvient encore à déterminer , avec précifion , ce que la lumiere, en partant d'un point donné, peut éclairer de parties d'un objet , & ce qu'elle en laiffe dans la privation.

Il ne s'agit pour cela que de fixer un point de centre à la lumiere, & de tirer de ce point une infinité de lignes ou de rayons. Toutes les parties des objets que ces lignes toucheront, feront éclairées; les autres feront privées de lumiere.

Les Peintres, en confidérant en particulier l'effet que produifent fur les corps l'incidence & la non-incidence des rayons de la lumiere, appellent cette partie de leur Art, *Clair-obfcur*.

Il eft facile d'imaginer que, parmi toutes les lignes dont j'ai parlé, il y en aura de plus courtes & de plus longues. Les points d'incidence des lignes les plus courtes feront les endroits les plus éclairés, parce que le centre de la lumiere en fera plus proche.

Si vous fuppofez un cône, ou une pyramide éclairée perpendiculairement par le foleil, le point qui fait le fommet de la pyramide fera le point de la plus grande lumiere; & les points de la bafe feront les moins éclairés.

Cette diminution graduelle décidée par la plus grande diftance du centre de la lumiere, s'appelle *Dégradation*, & les différentes dégradations forment l'accord du *Clair-obfcur*.

Confidérons à préfent les couleurs fous un point de vue qui leur foit propre: en réuniffant enfuite ce que nous venons d'expofer fur la lumiere, à ce que nous allons dire des couleurs en elles-mêmes, on aura une idée affez précife de ce qu'on appelle l'harmonie générale du clair-obfcur & des couleurs.

On peut dire que les rayons du foleil, ou de quelque autre lumiere que ce foit, n'engendrent pas les couleurs ; elles font fenfées déja exiftantes dans le fujet ou le corps éclairé.

Confidérons donc les couleurs indépendamment de la lumiere, autant qu'il eft poffible.

Il exifte une infinité de couleurs différentes. Il exifte, pour chaque couleur diftinguée l'une de l'autre, une infinité de modifications.

Ces couleurs ont entre elles des rapports affez connus, qui font que quelques-unes fe prêtent mutuellement plus d'éclat, tandis que d'autres perdent de celui qu'elles avoient en s'approchant. Il eft affez généralement reçu, qu'il y a des couleurs *amies* ; & une efpece de *fympathie* & *d'antipathie* entre les couleurs. Chaque couleur comporte des nuances qui de la plus foible teinte s'étendent jufqu'à la plus foncée. La diftance d'un objet à l'œil de celui qui le regarde, rend la couleur de cet objet plus ou moins frappante. Si vous la confidérez de près, elle paroît vive ; elle perd de cette vivacité fi vous vous en éloignez : voilà des dégradations qui ne font pas précifément celles qui naiffent de l'ombre & de la lumiere.

Si vous réuniffez maintenant ce qu'opere l'incidence des rayons dont j'ai parlé, avec ce qui réfulte ici de la différence des couleurs & de leur éloignement de notre œil, vous embrafferez prefque tous les principes de l'harmonie du coloris.

Je dis prefque tous les principes de l'harmonie du coloris,

& avec raifon ; car il fe fait encore un rejailliffement des couleurs les unes fur les autres , & d'une petite partie de la lumiere des objets éclairés fur ceux qui font dans l'ombre.

Les effets de ces rejailliffements font un des pivots de l'harmonie : c'eft ce qu'on appelle *Reflets*.

Mais jufqu'à quel point les couleurs empruntent-elles les unes des autres ? C'eft ce qui éprouve des variations infinies ; & ce qui ne fe pourroit évaluer , qu'en connoiffant mieux qu'on ne fait la nature de la lumiere , la caufe des couleurs , & les modifications que ces deux principes reçoivent de toutes les qualités accidentelles de l'air qui font innombrables.

Après avoir expofé , en peu de mots, pour ceux qui n'en ont pas une idée jufte , ce que c'eft que le clair-obfcur & la couleur, pénétrons encore un peu plus avant dans ces myfteres, qui ne peuvent s'éclaircir jufqu'à un certain point, qu'à l'aide de la pratique de la Peinture & d'une continuelle obfervation.

L'harmonie des couleurs de la Nature eft inimitable au degré de la vérité , parce que fon éclat eft célefte. Ce n'eft pas feulement par les oppofitions de la lumiere & de l'ombre & des couleurs entre elles qu'elle nous charme ; la lumiere a quelque chofe de brillant & d'admirable par elle-même.

Pour s'en convaincre, confidérez, dans un temps ferein, la Nature, trois heures environ avant le coucher du foleil : les objets dans une diftance proportionnée à la vue de

celui

celui qui les regarde, ont, fans être frappés du foleil, une vigueur de couleur, capable d'intimider le Peintre le plus coloriste.

Je fuppofe qu'il parvienne, ce qui eft prefque impoffible, à rendre ce ton vigoureux de la couleur, & qu'à l'inftant le foleil vienne fe répandre fur les mêmes objets qu'il vient d'imiter : l'éclat des lumieres devient fi vif, les couleurs qui reçoivent les rejailliffements de cette lumiere en empruntent un accroiffement de ton fi confidérable, qu'il n'eft plus poffible de comparer la Nature à fa copie.

De quelles reffources pourra fe fervir l'Artifte, pour remonter fes accords & fes tons ? Imaginera-t-il ces reffources dans les oppofitions du noir & du blanc, dont peut-être il a déja commencé d'abufer ? Le defir d'arriver à un effet, qu'on ne peut atteindre, le perdra :

1°. Parce que le blanc avec lequel le Peintre rehauffera les teintes qu'il voudra rendre lumineufes, & l'éclat de la lumiere qu'il a en vue, font fi différents, que s'il vouloit repréfenter une fimple maffe de blanc qui feroit éclairée du foleil, il lui manqueroit, pour les *clairs* de cette maffe, un blanc plus blanc que celui qu'il eft poffible d'employer ; d'autant que celui, dont il voudroit imiter la maffe, lui préfenteroit, dans l'endroit le plus éclairé, un éclat indépendant de la couleur blanche, & qu'auprès de cet éclat, le plus grand blanc ne feroit qu'une *demi-teinte.*

2°. Le noir, dont il approchera le plus qu'il eft permis

P *

d'en approcher en Peinture, dans le deſſein de faire valoir les *clairs*, n'exiſte dans la Nature que par l'abſence totale de quelque lumiere que ce ſoit; & ce noir ne ſe rencontre jamais moins que dans les objets extrémement éclairés.

Car, lorſque la Nature brille de cet éclat dont j'ai parlé, les ombres, loin d'approcher de la privation totale de la lumiere ſe trouvent généralement éclairées par les reflets ; & l'on voit ces ombres oppoſer à l'éclat de la lumiere les nuances les plus vigoureuſement & les plus ſenſiblement colorées. S'il étoit poſſible de diviſer en degrés l'étendue des nuances qui ſe trouvent dans la Nature, depuis l'éclat de la lumiere, juſqu'à ce qui approche le plus de ſa privation totale, dans les mo-ments où la Nature eſt colorée, il en réſulteroit un ſi grand nombre de diviſions, qu'on ſentiroit combien l'Art eſt loin de pouvoir les atteindre.

Il eſt donc néceſſaire qu'un Peintre ſe forme une échelle moyenne.

Mais cette échelle, qui doit tenir un milieu juſte entre les extrémités, pour être la meilleure qu'il eſt poſſible, dépend-elle de la volonté de l'Artiſte ?

Queſtion ſur laquelle il eſt difficile de prononcer. S'il étoit poſſible de la réſoudre, elle expliqueroit ces myſteres du colo-ris, & ces procédés ſi variés des Artiſtes, dont ils ont eux-mêmes bien de la peine à donner une idée claire & diſtinéte.

Je ſuis plus éloigné qu'eux, ſans doute, d'y parvenir : peut-être ces réflexions les conduiront-ils à approfondir cette matiere , plus qu'on n'a fait jufqu'ici.

Il a été mis en queſtion, ſi les couleurs des corps auxquelles nous avons donné des noms de pure convention , produiſent la même ſenſation ſur chacun de nous. Il paroît impoſſible de prononcer là-deſſus.

Mais , en diviſant cet objet de doute , ne ſeroit-ce pas faire un pas vers la vérité ?

L'harmonie qui réſulte du Clair-obſcur produit un effet dont le ſentiment eſt commun à tous les hommes ; parce que la lumiere pour le produire eſt en quelque façon ſubordonnée à des regles ſenſibles à tous ceux qui veulent s'en inſtruire. Les rayons parcourent des lignes : l'incidence de ces lignes partant d'un point connu , & arrivant à un autre point , eſt ſubordonnée à une méthode , dont la Nature ne s'écarte pas plus pour un homme que pour un autre *8*.

Il n'en eſt pas de même de la Couleur conſidérée ſéparément du Clair-obſcur. Si le moindre changement , dans le tiſſu extérieur d'un corps , peut changer ſon apparence colorée , pourquoi les variétés qui exiſtent dans les différents organes de la vue , ne ſeroient-elles pas capables d'influer puiſſamment ſur cette apparence colorée tranſmiſe à nos ſens ?

Cette influence n'exiſte-t-elle pas déja en certains cas ?

1°. La couleur d'un objet qui s'affoiblit par l'interpoſition de l'air , s'affoiblit d'autant plus près ou d'autant plus loin pour le ſpectateur , qu'il a les yeux plus ou moins perçants.

8 On eſt parvenu à faire concevoir cet effet de la lumiere à des aveugles nés.

2°. Le *Reflet* qui fait participer une couleur de celles qui l'approchent le plus, & qui forme par-là des mélanges de teintes, très-remarquables dans les objets qui font à un certain point de vue, ne produit pas les mêmes effets, au même point, pour tout le monde, puifque le point de vue eft vifiblement différent dans prefque tous les hommes.

La différence avec laquelle plufieurs Artiftes colorent un même objet qu'ils imitent enfemble, eft une des plus fortes préfomptions de ce que j'avance.

Cette préfomption augmentera de force, fi l'on confidere les exemples fans nombre des changements de coloris, dans différents temps de la vie d'un feul Artifte.

Il réfulte de là que la partie harmonique de la Peinture qui femble devoir nous affeéter plus uniformement, eft celle du *Clair-obfcur* [h].

Cependant les Anciens paffent pour s'en être moins occupés, que de la couleur même.

De nos jours, un Peuple fameux, qui a eu peu de communication avec les Arts modernes du refte de la terre, mais qu'on croit en avoir reçu l'ancien germe de l'Egypte, où la Grece les avoit elle-même puifés, les Chinois paroiffent bien moins attentifs, lorfqu'ils peignent, à cet accord de la lumiere & de l'ombre, qu'à la couleur même.

---

[h] L'étude du *Clair-obfcur* raifonnée, démontrée, & approfondie me paroît auffi effentielle au Peintre, que l'étude de l'Anatomie l'eft à celui qui deffine la figure, & la Perfpeétive; à quiconque repréfente, fur une furface plate, les objets qui ont du relief.

Il n'est pas jusqu'à l'Europe cultivée qui ne renferme des contrées où la *couleur locale* paroît être plus visiblement l'objet des efforts du Peintre, que dans les autres.

L'Italie nous offre ces différences intéressantes. Et si le Hollandois & le Flamand se montrent plus occupés que le François à transmettre dans leurs ouvrages le caractere de la couleur locale ; le Venitien, à son tour, le dispute au Romain, sur le même sujet.

Enfin, une même Ecole enfante des variétés de cette espece, sans nombre ; & l'on voit chaque Peintre flotter, pour ainsi dire, & balancer presque toute sa vie entre ces deux sources d'harmonie, le Clair-obscur & la Couleur : on le voit, dis-je, tantôt entraîné par la construction de ses organes, & par les changements qui y surviennent ; & tantôt arrêté par les exemples qu'il voit, par les conseils qu'on lui donne, enfin par les sensations très-indécises & très-variées que ses ouvrages font ressentir à ceux qui les jugent.

Au reste, s'il peut être permis de hazarder un sentiment sur une matiere aussi difficile à bien comprendre, & par conséquent à approfondir :

Je pense que l'harmonie colorée dépend infiniment des organes des Peintres, & que l'harmonie du Clair-obscur dépend presque entiérement de leurs observations & de leur jugement. Ceux qui étudient & qui pratiquent cette derniere partie à un certain degré de justesse, doivent parvenir à produire une illusion générale & satisfaisante.

Ceux qui, n'étant pas grands Coloriftes, font de vains efforts pour le devenir, doivent tomber dans des fyftêmes de couleur chymériques qui les éloignent beaucoup de la Nature.

Enfin, je crois qu'un abus trop fréquent dans les Ecoles, eft cette uniformité de coloris dont on forme des conventions d'attelier qui fe tranfmettent du Maître au Difciple à l'infini : tandis qu'il doit être auffi rare que le coloris d'un Artifte puiffe convenir à un autre, qu'il eft rare que les organes de la vue foient parfaitement femblables dans deux hommes différents.

Pour ne pas difproportionner ce tiffu de réflexions, en m'étendant beaucoup plus fur cette partie que je n'ai fait fur les autres, rappellons notre ordre : voyons à quoi parvient enfin le Peintre, lorfqu'il a proportionné, affemblé, difpofé d'une maniere belle ou agréable, & enfin lorfqu'il a éclairé & colorié les objets qu'il repréfente.

L'Effet eft fans doute le but qu'il veut atteindre : & cet Effet pour être complet, exige, indépendamment du concours de toutes les parties que je viens de parcourir, que l'Expreffion lui donne enfin la derniere main.

Réfléchiffons fur ces deux derniers objets, l'Effet & l'Expreffion.

DE L'EFFET.

LA NATURE eſt la ſource abondante, variée, inépuiſable des *Effets*. Il en eſt qui nous frappent ; il en eſt une
infinité qui nous échappent, quoique chaque inſtant les pro-
duiſe. Les uns ſont déſagréables ; le Peintre ne doit les connoître que pour s'en abſtenir : les autres ſont accompagnés
d'une impreſſion qui plaît aux ſens & à l'ame ; il doit les
choiſir & les imiter.

Il eſt des Effets permanents ; ils ſont produits par la diſpo-
ſition de certaines formes & de certains objets qui ne chan-
gent pas d'un inſtant à l'autre.

La beauté, telle que je l'ai définie dans l'homme ; celle de
chaque objet de la Nature, telle que la forme & la couleur ; la perfection dans les ouvrages de l'induſtrie ; ce qu'il

y a d'agréable dans les fites : voilà les Effets que j'appelle *permanents*, pour les diftinguer de ceux que je nommerai *paffagers*. Pour avoir une idée de ces derniers, confidérez la lumiere & les paffions. La lumiere varie continuellement. Les paffions n'ont jamais de ftabilité.

Les organes de la vue bien conformés, exercés à ce fujet, & mis en mouvement par une ame fenfible, non-feulement font frappés des effets permanents, mais ils apperçoivent encore ceux qui n'ont qu'une apparence momentanée.

L'efprit jufte, qui obferve & qui médite, pénétre les raifons d'où naiffent les impreffions qu'on appelle *Effets*, foit dans les objets permanents, foit dans ceux qui n'ont qu'une exiftence paffagère.

Les circonftances & les oppofitions font, dans la Nature, les principaux refforts des Effets.

L'afpeft d'un fite eft-il plus agréable au foleil couchant, parce qu'alors il eft éclairé favorablement ? C'eft ce que j'appelle circonftance.

La laideur ajoute à la beauté, de maniere que celle-ci ne produit jamais plus fon effet, que lorfqu'on compare l'une à l'autre. Voilà ce que j'entends par oppofition.

Mais comme la réflexion trop profonde ralentit le fentiment, les oppofitions trop recherchées refroidiffent l'impreffion des Effets.

Les circonftances naturelles préfentent les oppofitions fans qu'elles ayent rien d'affefté. On fe fent touché d'autant plus

vivement,

vivement, qu'on s'eft moins apperçu qu'on a comparé.

Rien de plus commun dans la Nature, que les oppofitions. Rien de plus rare dans l'imitation, que d'en voir de naturelles & de vraifemblables.

Au refte, l'*Effet*, en Peinture, eft un choix d'imitation dans les effets naturels.

S'agit-il de la couleur & de la lumiere ? Le jour favorable. eft la premiere fource des Effets. Il eft des jours où la Nature femble ternie ; parce que le foleil, caché dans des nuages qui couvrent toute l'étendue du Ciel, ne nous donne fa lumiere qu'à travers un air épais qui affoiblit le brillant de fes rayons.

Lorfque le foleil brille de tout fon éclat, il eft encore des heures où les objets, par une furabondance de lumiere, font fans effet pour la couleur ; comme il arrive fouvent à l'heure de midi.

S'agit-il de fites & de payfages ? L'uniformité des plaines qui ne font variées par aucune différence de plans, ni ombragées par aucun arbre ; qui ne font rafraichies, ni par des fontaines, ni par des ruiffeaux ; qui ne font point enrichies par des fabriques ; qui ne font pas animées par des êtres vivants ; enfin ces mers de fable que nous favons qui exiftent, ne doivent produire que l'ennui.

Dans les attitudes du corps le mieux conformé, il eft des pofitions qui n'attirent point l'attention, & qui n'ont aucun effet agréable : il en eft même de rebutantes, foit qu'une gêne inutile les défigure, foit qu'une efpece d'*apathie* ou

Q

d'infenfibilité rende les attitudes trop indifférentes.

Je ne veux pas dire par-là qu'il n'y ait que ce qui fait une impreffion agréable dans la Nature, qui foit deftiné à produire de l'effet dans la Peinture.

On fait affez, fans en avoir parfaitement développé la caufe, que les objets qui ont les caracteres les plus oppofés, produifent ce qu'on appelle de beaux Effets en Peinture & en Poéfie, pourvu qu'ils foient placés à propos.

J'aime à voir décrits ou repréfentés les champs d'Eden, & les montagnes entaffées par les Géants ; le foleil qui, prêt à defcendre dans des nuages, embellit & éclaire le palais & les enchantements d'Armide ; ou fur les bords d'une mer en fureur, la foudre échappée des ténebres qui brife les rochers qu'elle éclaire ; enfin, Pfyché aux Enfers ou dans les bras de l'Amour.

Dans les Arts d'imitation, l'Effet dépend donc du choix ; & l'Expreffion, dont je vais parler, eft la jufteffe avec laquelle on faifit dans ce choix le véritable caractere de chaque objet.

DE L'EXPRESSION

ET

DES PASSIONS.

Etre affecté, lorfqu'on voit un objet, d'un certain caractere, par lequel il nous frappe;

Diftinguer dans cet objet ce qui lui donne le caractere dont
nous fommes frappés ;

Faire paffer ce caractere dans l'imitation :

Voilà ce que c'eft que voir, fentir, & exprimer.

L'Expreffion, dans la Peinture, eft donc une repréfentation
relative à l'idée de l'imitateur ; & fon Effet eft de communi-
quer cette même idée à ceux qui voyent l'imitation.

L'Expreffion s'étend des objets les plus fimples, aux objets les plus compofés ; des corps les moins fufceptibles d'action, à ceux qui font les plus animés ; enfin de la matiere, à l'efprit.

L'arbre, qui perce les nues, me frappe par fon élévation : une forêt entiere, par l'épaiffeur de fon ombre, & par la majefté des arbres qui la compofent. Ce que j'éprouve caractérifera mon imitation, par le choix des circonftances qui m'occafionnent principalement le fentiment dont je fuis pénétré [i].

Un vafte rocher, par fa cime élevée, menace à la fois le ciel & la terre fur laquelle il eft près de s'écrouler du haut d'une montagne : je ferai fentir, dans un Tableau, l'effroi qu'il m'occafionne ; & fon poids, hors d'équilibre, fera trembler pour tout ce qui fe trouvera expofé au funefte effet de fa chûte.

La mer fe brife ; le vent impétueux porte au loin fon écume ; & le flot qui s'eft retiré laiffe à une diftance confidérable ces marques de fon impétuofité : je fens par-là fa violence, & je l'exprime.

Enfin l'homme lui-même m'affecte par les mouvements dont je m'apperçois que fon ame eft agitée. Je remarque ce que ces mouvements produifent d'apparent fur fes membres, fes mufcles, fes attitudes, fes geftes, fa couleur & fes traits. Et c'eft ainfi que, par la faculté de fentir & de diftinguer toutes ces chofes, je parviens à l'Expreffion des Paffions,

---

[i] Le caractere d'efprit de l'Artifte influe beaucoup fur la partie de l'*Expreffion*. Ce caractere fait que les objets le frappent par certaines qualités de préférence à d'autres. L'habitude y contribue auffi. Il eft donc effentiel que l'Artifte s'accoutume, autant qu'il eft poffible, à être affecté préférablement des qualités diftinctives qui tiennent plus effentiellement à la perfection des objets qu'il envifage relativement à fon Art.

qui met le comble à la perfection de la Peinture.

Cette partie eſt donc intimement liée à la ſenſibilité de l'ame, à la fidélité des organes, & à la netteté des jugements.

Il eſt des hommes dont les ames froides & incertaines n'en-viſagent rien avec intérêt, & dont les yeux vagues & indécis ſe promenent ſur tout avec une eſpece d'indifférence. Ils ne voyent & ne ſentent pas, pour ainſi dire; ils ſont incapables d'exprimer.

Il eſt, au contraire, des vues promptes & perçantes; des ames agiſſantes & ſenſibles qui apperçoivent beaucoup, qui voyent juſte, qui ſont affectées & qui touchent.

Le Peintre & le Poëte de cette claſſe choiſie ne voyent ja-mais la Nature, ſans intérêt; leur ame émue tranſmet à leurs ouvrages la chaleur qu'ils reſſentent: & dès-lors, les vers ou la toile parlent, pendant des ſiecles entiers, à ceux qui s'en occupent, un langage qu'ils entendent clairement, & qu'ils écoutent avec émotion.

C'eſt ainſi que l'amour reſpire & brûle encore dans les vers de Sapho.

> Spirat adhuc amor,
> Vivuntque commiſſi calores
> Æoliæ fidibus Puellæ. *Hor.*

Mais quelles difficultés j'apperçois pour les Artiſtes, ſi, lorſqu'ils veulent peindre les Paſſions, ils ne trouvent preſque plus de moyens d'en étudier les véritables expreſſions!

Quels obſtacles à ſurmonter, ſi, ceux qui jouiſſent de leurs ouvrages & qui les jugent, exigent l'Expreſſion des Paſſions, lors même qu'elle leur eſt moins connue, & que les mouvements qui doivent les accompagner leur ſont plus étrangers !

C'eſt ainſi cependant que, lorſque les Arts approchent de plus près de la perfection, la Nature qui doit en être le modele, ſemble en quelque façon ſe dérober à l'imitation, en perdant cette variété & cette richeſſe d'expreſſion qui lui eſt propre.

Il n'eſt pas moins remarquable, que le deſir de voir cette même Nature imitée dans ſa ſimplicité, ſubſiſte dans les hommes civiliſés, lorſqu'ils lui ont ôté la plus grande partie de ſa franchiſe & de ſes droits, pour y ſubſtituer les conventions utiles des bienſéances de la ſociété.

Eſſayons de développer ce ſujet : je le crois l'une des cauſes générales de la décadence des Arts, qu'on voit malheureuſement tenir de ſi près aux ſiecles les plus éclairés *k*.

Ce qui caractériſe principalement une Nation civiliſée, c'eſt cette gêne utile que les hommes impoſent à la plus grande partie des expreſſions ſubites & inconſidérées tant de l'ame que du corps.

Ces mouvements libres & naturels troubleroient, en effet, la ſociété, & entraîneroient le blâme : on a donc ſoin de les modérer ; & ce ſoin eſt tel, qu'on réprime les ſignes des

---

k Les Artiſtes, qui commencent à pratiquer ces Arts, n'apperçoivent pas encore cette expreſſion ; bien-tôt ils la cherchent : ils l'atteignent avec plus de juſteſſe, lorſque les Arts fleuriſſent ; ils ceſſent enfin de la connoître, ils y ſubſtituent des conventions : & c'eſt alors que les Arts ſont dans leur déclin.

paſſions préférablement aux paſſions mêmes.

Je crois donc que ce *ſeroit une nouveauté*, que de détailler préciſément les ſignes naturels & apparents des paſſions ; tandis qu'on paroîtroit traiter un ſujet rebattu & uſé, ſi l'on en parloit métaphyſiquement aujourd'hui.

Mais, encore une fois, comment faire des obſervations ſur l'Expreſſion des Paſſions, dans une Capitale, par exemple, où tous les hommes conviennent de paroître n'en reſſentir aucune ? Où trouver parmi nous aujourd'hui, non pas des *hommes coleres*, mais des hommes qui permettent à la colere de ſe peindre d'une façon abſolument libre, dans leurs attitudes, dans leurs geſtes, dans leurs mouvements, & dans leurs traits ?

Plus une ſociété ſera nombreuſe & civiliſée, plus la force & la variété de l'Expreſſion doit s'affoiblir ; parce que l'ordre & l'uniformité ſeront les principes d'où naîtra ce qu'on appelle l'harmonie de la ſociété.

Cette harmonie ſi néceſſaire y gagnera, ſans doute ; tandis que tous les Arts d'expreſſion y perdront, parce qu'ils ſeront affectés peu à peu d'une monotonie qui leur ôtera les idées véritables de la Nature.

L'exemple, motif puiſſant qui influe ſur les actions des hommes, augmente de pouvoir & d'autorité par l'augmentation du nombre ; & plus une ville capitale eſt peuplée & ſociable, plus on doit céder au penchant de s'imiter les uns les autres.

Je paroîtrai peut-être exagérer, en avançant qu'il n'eſt pas juſqu'aux animaux, aux ſites & aux édifices, qui ne perdent inſenſiblement de l'Expreſſion de leur caractere naturel & de leur variété.

En effet les animaux plus ſouples, plus timides, plus fami- liers; les batiments ſoumis à certains uſages communs, à cer- taines conventions reçues, & par conſéquent à une imitation néceſſaire; les ſites cultivés à peu près dans les mêmes ſyſtêmes d'économie ou de jouiſſance; les arbres même aſſujettis par l'art & le luxe, à des formes qui ne leur ſont point propres, annoncent de ſi loin l'approche d'une ville floriſſante, que ce n'eſt qu'à plus de dix lieues d'une grande Capitale qu'on re- trouve la Nature parée de cette variété inépuiſable, & de cette franchiſe qui ont le droit d'intéreſſer l'ame & d'occuper les ſens.

Si l'on oppoſe à ces réflexions ſur l'Expreſſion, qu'au moins le peuple a conſervé l'uſage de ces mouvements libres & indé- libérés qui caractériſent les Paſſions : je répondrai, que la ré- ſerve, pour être en effet moins réguliérement obſervée chez le peuple, n'y eſt cependant pas moins établie par les ſoins d'une police vigilante, par la crainte & par l'exemple des gens mieux élevés.

J'ajouterai enſuite, que cette diſtinction entre les hommes du commun & ceux que le rang ou l'éducation ſéparent d'eux, fait naître une difficulté de plus pour les Artiſtes, par la différence qu'on prétend établir auſſi entre les expreſſions

nobles,

nobles, & les expreſſions communes des Paſſiohs.

Ne pourroit-on pas ſourire un inſtant ſur cette prétention des hommes civiliſés, qui ſemblent aſpirer moins à ſecouer le joug peſant des paſſions, qu'à le porter avec plus de grace que leurs ſemblables ?

C'eſt cependant, d'après cette idée, que la plupart des hommes qui acquierent le titre d'hommes d'un goût fin, délicat, & de juges des Arts, exigent qu'un héros cede aux tranſports de la colere, d'une façon différente d'un ſimple ſoldat.

Eclairciſſons, s'il eſt poſſible, ce qu'il y a de juſte dans cette prétention.

Qu'un homme, abſtraction faite des conventions & des bienſéances, ſoit excité par un autre à une violente colere, il éprouvera, ſi je ne me trompe, un reſſerrement de l'ame qui ſera caractériſé par la contraction ſubite de ſes traits, par la pâleur, & par une expreſſion à peu près ſemblable à celle d'une douleur corporelle : immédiatement après, il éprouvera un tranſport qui ſemblera occaſionné par l'effort, &, pour parler ainſi, par le reflux des eſprits, qui, après s'être concentrés, ſe porteront avec rapidité dans toutes les parties de ſon corps, & ſur-tout vers les extrémités ; il en réſultera un tremblement, un coloris enflammé, & des mouvements convulſifs, dont la violence aura pour but de ſe précipiter ſur l'ennemi, & d'exercer contre lui la vengeance la plus prompte, ſans avoir de projet fixe, & ſans balancer ſur les moyens.

Voilà, je crois, la colere naturelle, dont l'effet eſt la vengeance ſubite. R

Voyons ce qui arrive, fi l'on excite à la même paſſion l'homme dont le rang & l'éducation doivent, dit-on, ennoblir l'expreſſion. Cet homme, quoique violemment ému, fait, par la connoiſſance qu'il a des uſages, que ce n'eſt qu'en retardant ſa vengeance, qu'il peut la ſatisfaire : obligé cependant, par l'ordre impérieux de la Nature, de céder au mouvement qui ſe paſſe en lui, il choiſit dans la fierté, le mépris & la menace, dans la diſſimulation, la modération & l'effort ſur ſoi-même une eſpece d'expreſſion invariable, & ſujette à peu de mouvements ; il s'y fixe : un ſeul geſte, un regard ſuffiſent. Et ce n'eſt donc pas une colere noble qu'on peut chercher à peindre dans l'homme diſtingué, mais ce que les hommes de cette eſpece ſubſtituent à la colere, & qui aſſurément n'offre pas aux Peintres les mêmes reſſources de nuances & d'expreſſions dans les geſtes, dans la couleur & dans les mouvements, que les paſſions ſimples & naturelles [1].

On peut m'objecter encore, qu'au moins la plus parfaite conformation du corps doit donner une eſpece de diſtinction aux actions les plus convulſives des paſſions.

Je le crois, en effet ; mais je demanderai premiérement, ſi c'eſt aux hommes diſtingués par le rang ou par l'éducation, à qui la Nature répartit préférablement cette plus parfaite conformation ?

---

[1] Un Artiſte qui, ſans avoir réfléchi ſur ce ſujet important de ſon Art, ſe laiſſe aller au projet vague d'ennoblir les paſſions violentes, me paroît reſſembler à celui qui, pour ne pas effrayer les ſpectateurs, eſſayeroit de rendre les monſtres agréables, & de faire ſourire les Furies.

Je demanderai enſuite, en ſuppoſant que cela ſoit, ſi l'on ne doit pas donner aux Artiſtes une plus grande liberté qu'on ne la leur accorde dans les *ſiecles du Goût*, de peindre la Nature avec la variété qui la caractériſe, même avec les imperfections qui l'accompagnent & qui ſervent d'oppoſition favorable, ou de comparaiſon néceſſaire, pour faire ſentir & juger la beauté ?

Pourquoi le Poëte, qui ſur le théatre préſente aux yeux de l'eſprit des tableaux d'expreſſion morale, a-t-il la liberté d'oppoſer le vice à la vertu ; tandis que le Peintre n'oſe, par l'oppoſition de la perfection & de la difformité, préſenter là Beauté dans tout ſon avantage ^m ?

On exige, par une délicateſſe mal entendue, que toutes les figures d'un Tableau d'hiſtoire ſoient d'un enſemble correct, & d'une proportion élégante. Après cette condition générale & préciſe, on exige encore une diſtinction dans les figures qui doivent principalement exciter l'intérêt ; & c'eſt de-là, ſans doute, que naît la plus grande partie de ces exagérations de proportions, de ces affectations qu'on nomme ſpirituelles, dont l'eſprit veut paroître ſe contenter, tandis que le cœur, qui n'eſt point affecté, le dément : c'eſt encore de-là que naiſſent ces expreſſions chimériques qui ne ſont adoptées que par ceux dont les idées peu juſtes ſur la Nature, ſe prêtent à des conventions & à des grimaces.

Mais renonçons, pour ce moment, à des détails qui me

^m Il faut toujours entendre par la Beauté, la parfaite conformation, telle que je l'ai définie ; & non pas ſeulement la régularité des traits.

conduiroient trop loin. Rapprochons-nous de notre sujet, en donnant une idée de quelques paffions principales, & en effayant (ce qu'on n'a pas fait encore, à ce que je crois) de les ranger par nuances, & de fuivre l'ordre que leur indique le plus ordinairement la Nature.

J'emprunterai du célebre le Brun, qui a ébauché ce fujet, ce que je joindrai à mes propres idées.

Les malheurs ou la pitié font ordinairement la caufe de la trifteffe.

L'engourdiffement & l'anéantiffement de l'efprit en font les fuites intérieures.

L'affaiffement & le dépériffement du corps font fes accidents vifibles.

La peine d'efprit eft une premiere nuance.

On peut ranger ainfi les autres :

Inquiétude.

Regrets.

Chagrin.

Déplaifance.

Langueur.

Abattement.

Accablement.

Abandon général ».

Ad humum mœrore gravi deducit & angit. Hor. de Arte Poet.

» Pour appuyer ce que j'ai dit plus haut à l'occafion de l'Expreffion des Paffions, je ferai remarquer ici, que, dans ce qu'on appelle la Société polie, il n'eft guere d'ufage de démontrer extérieurement les nuances que je viens d'indiquer.

La peine d'esprit rend le teint moins coloré , les yeux moins brillants & moins actifs ; la maigreur succedé à l'embonpoint ; la couleur jaune & livide s'empare de toute l'habitude du corps ; les yeux s'éteignent ; la foiblesse fait qu'on se soutient à peine ; la tête reste panchée vers la terre ; les bras, qui font pendants, se rapprochent pour que les mains se joignent ; la défaillance , effet de l'abandon , laisse tomber au hazard le corps, qui , par accablement enfin , reste à terre étendu , sans mouvement , dans l'attitude que le poids a du prescrire à sa chûte.

Quant aux traits du visage : les sourcils s'élévent par la pointe qui les rapproche ; les yeux presque fermés , se fixent vers la terre ; les paupieres abattues font enflées ; le tour des yeux est livide & enfoncé ; les narines s'abattent vers la bouche ; & la bouche elle-même entre ouverte baisse ses coins vers le bas du menton ; les levres font d'autant plus pâles que cette passion approche plus de son période. Dans la nuance des regrets seulement, les yeux se portent, par intervalles , vers le ciel , & les paupieres rouges s'inondent de larmes qui fillonnent le visage.

Le bien-être du corps & le contentement de l'esprit produisent ordinairement la joie.

L'épanouissement de l'ame l'accompagne.

Les suites en font, la vivacité de l'esprit & l'embellissement du corps.

Divisons cette partie en nuances :

Satisfaction.

Sourire.

Gaièté.

Démonſtrations ; comme Geſtes, Chants & Danſes.

Rire qui va juſqu'à la convulſion °.

Éclats.

Pleurs.

Embraſſements.

Tranſports approchants de la Folie , ou reſſemblants
　　à l'Yvreſſe.

Les mouvements du corps étant , comme je viens de le
dire, des geſtes indéterminés, des danſes, &c. on peut en
varier l'expreſſion à l'infini. La nuance du rire involontaire
a ſon expreſſion particuliere , ſur-tout lorſqu'il devient en
quelque façon convulſif : les veines s'enflent ; les mains
s'élevent premiérement en l'air , en fermant les poings,
puis elles ſe portent ſur le côté, & s'appuient ſur les
hanches ; les pieds prennent une poſition ferme , pour ré-
ſiſter davantage à l'ébranlement des muſcles.

La tête haute ſe panche en arriere ; la poitrine s'éleve ;
enfin, ſi le rire continue, il approche de la douleur.

Pour l'expreſſion des traits du viſage, il en faut diſtinguer
pluſieurs.

Dans la ſatisfaction, le front eſt ſerein ; le ſourcil, ſans

° Plus les Hommes ſont ſoumis aux principes de l'éducation ou de la dé- | cence, plus on les voit borner cet épanouiſſement.

mouvement, reſte élevé par le milieu ; l'œil net & médiocre-
ment ouvert, laiſſe voir une prunelle vive & éclatante ; les
narines ſont tant ſoit peu ouvertes ; le teint vif ; les joues
colorées, & les levres vermeilles : la bouche s'éleve tant ſoit
peu vers les coins ; & c'eſt ainſi que commence le ſourire. Dans les nuances plus fortes, la plupart de ces expreſſions s'accroiſſent. Enfin, dans le rire & les éclats, les
ſourcils ſont élevés du côté des tempes, & s'abaiſſent du côté
du nez ; les yeux ſont preſque fermés , ils ſe relevent un
peu par les coins, du même ſens que les ſourcils ; la bouche,
qui laiſſe voir les dents , s'entr'ouvre , en retirant les coins ,
& en les élevant en haut ; il s'enſuit de-là que les joues ſe
pliſſent, s'enflent, & ſurmontent les yeux : enfin les narines s'ouvrent ; les larmes , par cette contraction générale,
rendent les paupieres humides , & le viſage animé ſe colore.

Parcourons de même les nuances de la Paſſion que fait
éprouver à l'ame & au corps le mal corporel, en différents degrés.

La ſenſibilité eſt, je crois, la premiere. Après elle, viennent :

La Souffrance.

La Douleur.

Les Élancements.

Les Déchirements.

Les Tourments.

Les Angoiſſes.

Le Déſeſpoir.

Les fignes extérieurs de ces affections, font des crifpations dans les nerfs, des tremblements, des agitations, des pleurs, des étouffements, des lamentations, des cris, des grincements de dents; les mains ferrent violemment ce qu'elles rencontrent; les yeux arrondis fe ferment & s'ouvrent avec excès, fe fixent avec immobilité; la pâleur fe répand fur le vifage; le nez fe contracte, remonte; la bouche s'ouvre, tandis que les dents fe refferent : les convulfions, l'évanouiffement & la mort en font les fuites.

L'ame dans les fouffrances extrêmes paroît éprouver un mouvement de contraction; elle fe retire, pour ainfi dire, & tous les efprits fe concentrent. Les efforts qu'elle fait, produifent l'égarement & le délire : enfin, l'abattement & la perte de la raifon font naître une efpece d'infenfibilité.

Il eft un autre ordre de mouvements qu'occafionnent le plus ordinairement la pareffe & la foibleffe, tant du corps que de l'efprit.

C'eft de-là que naiffent,

L'Irréfolution.

La Timidité.

Le Saififfement.

La Crainte.

La Peur.

La Fuite.

La Frayeur.

La Terreur.

L'Épouvante.

Les

Les effets intérieurs de cette paſſion ; ſont l'aviliſſement de l'ame, ſa honte, & l'égarement de l'eſprit.

Les effets extérieurs fourniſſent des contraſtes dans les geſtes, des oppoſitions dans les membres, & une variété d'attitudes infinies, ſoit dans l'action, ſoit dans l'immobilité.

Pour le viſage, voici ce que M. le Brun a fort bien remarqué. Dans la frayeur, le ſourcil s'éleve par le milieu : les muſcles qui occaſionnent ce mouvement ſont fort apparents ; ils s'enflent, ſe preſſent & s'abaiſſent ſur le nez qui paroît retiré en haut, ainſi que les narines ; les yeux ſont très-ouverts ; la paupiere ſupérieure eſt cachée ſous le ſourcil ; le blanc de l'œil eſt environné de rouge, la prunelle eſt égarée du point de vue commun, elle eſt ſituée vers le bas de l'œil ; les muſcles des joues ſont extrêmement marqués, & forment une pointe de chaque côté des narines ; la bouche eſt ouverte ; les muſcles & les veines ſont en général fort ſenſibles ; les cheveux ſe hériſſent ; la couleur du viſage eſt pâle & livide, ſur-tout celle du nez, des levres, des oreilles & du tour des yeux.

L'oppoſition naturelle de ces mouvements ſont ceux-ci qui naiſſent de la force de l'ame, de celle du corps, & que l'exemple, l'amour-propre, la vanité & l'orgueil fortifient.

Force.

Courage.

Fermeté.

Réſolution.

S

Hardieffe.

Intrépidité.

Audace.

Les effets intérieurs de ces mouvements nuancés, font la Sécurité, la Satisfaction, la Générofité. Les effets extérieurs, quelquefois affez femblables à ceux de la colere, dans l'action, n'en ont cependant pas les mouvements convulfifs & défagréables, parce que l'ame conferve fon affiette. Une forte tenfion dans les nerfs; une attitude ferme dans l'équilibre, & la pondération, fans abandonnement; une attention prévoyante, une contenance impérieufe caractérifent, dans des degrés plus ou moins marqués, les nuances que je viens de parcourir.

Le courage embellit : il met les efprits en mouvement ; il répand une fatisfaction intérieure qui rend les traits impofants, & qui donne, à tout le corps, un caractere intéreffant & animé au-deffus de l'habitude ordinaire.

On peut regarder la Contradiction, la Privation, la Douleur occafionnée par une caufe connue, la Jaloufie, l'Envie & la Cupidité, comme les fources qui produifent l'Averfion depuis fa premiere nuance jufqu'à fes excès.

On en peut établir ainfi les paffages:

Éloignement.

Dégoût.

Dédain.

Mépris.

Raillerie.

Antipathie.

Haine.

Indignation.

Menace.

Infulte.

Colere.

Emportement.

Vengeance.

Fureur.

Les effets intérieurs de ces nuances, font principalement le refroidiſſement de l'ame, l'irritation de l'eſprit & ſon aveuglement ; enſuite l'aviliſſement & l'oubli de ſoi-même ; enfin, le crime que ſuivent le repentir, les remords & les furies vengereſſes.

Les expreſſions extérieures de ces nuances ſont très-dif-férentes, très-variées. Cependant juſqu'à l'Indignation, les geſtes ſont peu caractériſés. Le corps n'éprouve que des mou-vements peu ſenſibles, s'ils ne ſont décidés par les circonſ-tances ; & ces circonſtances ſont tellement indéterminées qu'on ne peut les fixer.

Le corps entier, dans les dernieres nuances, contribue à ſervir la paſſion. Ainſi, lorſque l'indignation produit les menaces, l'action eſt déterminée à s'approcher de celui qui en eſt l'objet : le corps s'avance, ainſi que la tête qui s'éleve vers celle de l'ennemi à qui l'on annonce ſon reſſentiment ;

les bras fe dirigent, l'un après l'autre, vers le même point ; les mains fe ferment, fi elles ne font point armées ; le vifage fe caractérife par une contraction des traits, comme dans la colere : le refte des nuances eft toute action.

Je rifquerois de paffer les bornes que je me fuis prefcrites, & de faire un ouvrage entier, fi je m'abandonnois à tout ce que préfente cet objet intéreffant, qui m'occupera en particulier une autre fois, par les détails qui conviennent aux différents Arts, fi cet effai a le bonheur de plaire.

Ce feroit fans doute ici la place d'entreprendre, pour dédommager des traits affligeants que je viens d'ébaucher, quelques efquiffes d'une paffion, non moins violente que les autres ; mais dont les couleurs font regardées comme plus agréables, & les excès moins effrayants.

Je pourrois parcourir la timidité, l'embarras, l'agitation, la langueur, l'admiration, le defir, l'ardeur, l'empreffement, l'impatience, l'éclat du coloris, l'épanouiffement des traits, un certain frémiffement, la palpitation, l'action des yeux tantôt enflammés, tantôt humides, le trouble, les tranfports ; & l'on reconnoîtroit l'Amour.

On reconnoîtroit auffi ces graces dont j'ai déja parlé, qui fe rejoignent ici naturellement à l'expreffion, & aux paffions ; mais, lorfqu'il s'agiroit de fuivre plus avant cette route féduifante, la Nature elle-même m'apprendroit, en fe couvrant du voile du myftere, que la réferve doit être aux Arts, ce que la pudeur eft à l'Amour.

Je foufcris donc à une loi fi fage ; & je termine des Réflexions peut-être trop longues, en rappellant, comme je l'ai déja dit, que c'eft au génie feul à donner aux préceptes le fens & l'application qui leur conviennent.

F I N.

APPROBATION de l'Académie Royale de Peinture & Sculpture.

AUJOURD'HUI Samedi 28 Juillet, Monsieur WATELET, Associé libre, ayant témoigné à l'Assemblée, qu'il desireroit faire imprimer son Poëme de l'*Art de Peindre*, *avec des Réflexions qui servent de notes*, &c. L'Académie, à qui le mérite de cet Ouvrage est connu, par les lectures qui en ont été faites dans ses Assemblées, & qui a reconnu les principes qu'elle enseigne, les regles qu'elle suit, & les vues les plus sublimes de l'Art développées avec la justesse & les graces qui peuvent les rendre sensibles & intéressantes, a jugé que l'impression en seroit aussi agréable aux amateurs de la Peinture, qu'utile à ceux qui exercent cet Art. A Paris, au Louvre, ce même jour 28 Juillet 1759.

J. B. M. PIERRE, *Professeur.*

C. N. COCHIN, *Secretaire.*

ARREST DU CONSEIL D'ÉTAT DU ROI,

PORTANT *Privilege à l'Académie Royale de Peinture & Sculpture, & aux Académiciens, de faire imprimer & graver leurs Ouvrages ; avec défenses à tous Imprimeurs, Graveurs ou autres personnes, excepté celui qui aura été choisi par ladite Académie, d'imprimer, graver ou contrefaire, vendre des Exemplaires contrefaits, à peine de trois mille livres d'amende, confiscation de tous les Exemplaires contrefaits, Presses, Caracteres, Planches gravées, & autres ustensiles qui auront servi à les imprimer, &c.*

Du 28 Juin 1714.

EXTRAIT DES REGISTRES DU CONSEIL D'ÉTAT.

SUR ce qui a été représenté au Roi, étant en son Conseil, par son Académie Royale de Peinture & Sculpture, que depuis qu'il a plu à Sa Majesté donner à ladite Académie des marques de son affection, Elle s'est appliquée avec soin à cultiver de plus en plus les beaux Arts, qui ont toujours fait l'objet de ses exercices ; & comme la fin que Sa Majesté s'est proposée dans l'établissement de ladite Académie, composée des plus habiles du Royaume, a été non-seulement que la Jeunesse profitât des instructions qui se donnent journellement dans l'Ecole du Modele, des Leçons de Géométrie, Perspective & Anatomie, & à la vue des Ouvrages qui y sont proposés pour servir d'exemples ; mais encore que le Public fût informé du progrès qu'y font les Arts du Dessein, de la Peinture & Sculpture, en lui faisant part des Discours, Conférences & Descriptions qui pourroient le lui faire connoître, principalement en multipliant par la gravûre & impression les beaux Ouvrages de ladite Académie Royale, afin de les conserver à la postérité, unique moyen de perfectionner les Arts, & d'exciter de plus en plus l'émulation. A CES CAUSES, Sa Majesté desirant donner à sadite Académie, & à tous ceux qui la composent, toutes les facilités & les moyens qui peuvent contribuer à rendre leurs travaux utiles au Public : LE ROI ÉTANT EN SON CONSEIL, a permis & accordé à ladite Académie de faire imprimer & graver les Defcriptions, Mémoires, Conférences, Explications, Recherches & Obfervations qui ont été & pourront être faites dans les Affemblées de l'Académie Royale de Peinture & Sculpture ; comme auffi les Ouvrages de Gravûre en taille-douce ou autrement, & généralement tout ce que ladite Académie voudra faire paroître fous fon nom, foit en Eftampes ou en Impreffions, lorfqu'après avoir examiné & approuvé lefdits Ouvrages de chacun des Particuliers qui la compofent, elle les aura jugés dignes d'être mis au jour, fuivant & conformément aux Statuts & Réglements de ladite Académie ; faifant Sa Majefté très-expreffes inhibitions & défenfes à tous Imprimeurs, Libraires, Graveurs & autres perfonnes, de quelque qualité & condition qu'elles foient, excepté celui qui aura été choifi par ladite Académie, d'imprimer ou faire imprimer, graver ou contrefaire aucuns Mémoires, Defcriptions, Conférences & autres Ouvrages gravés ou imprimés, concernant ou émanés de la fufdite Académie, ni d'en vendre des Exemplaires contre-faits en nulle maniere que ce foit, ni fous quelques prétextes que ce puiffe être, fans la permiffion expreffe & par écrit de ladite Académie, à peine contre chacun des Contrevenants de trois mille livres d'amende, confif-cation, tant de tous les Exemplaires contrefaits, que des Preffes, Cara-cteres, Planches gravées, & autres uftenfiles qui auront fervi à les imprimer & contrefaire, & de tous dépens, dommages & intérêts. Veut Sa Majefté, que le préfent Arrêt foit exécuté dans fon entier ; & en cas de contravention, Sa Majefté s'en réferve la connoiffance & à fon Confeil, & icelle interdit à tous autres Juges. FAIT au Confeil d'Etat du Roi, SA MAJESTÉ Y ÉTANT, tenu à Marly le vingt-huit Juin mil fept cent quatorze.

Signé, PHELYPEAUX.

LOUIS, par la grace de Dieu, Roi de France & de Navarre, au premier notre Huiffier ou Sergent fur ce requis, Nous te mandons & commandons par ces Préfentes fignées de notre main, que l'Arrêt dont l'Extrait eft ci-attaché fous le contre-fcel de notre Chancellerie, ce-jourd'hui donné en notre Confeil d'Etat, Nous y étant, tu fignifies à tous qu'il appartiendra, à ce qu'ils n'en ignorent, & faffes pour fon entiere exécution tous Actes & Exploits néceffaires, fans demander autre per-miffion : Car tel eft notre plaifir. DONNÉ à Marly le vingt-huitieme Juin, l'an de grace mil fept cent quatorze, & de notre Regne le foi-xante-douzieme. Signé, LOUIS. Et plus bas : Par le Roi, PHELYPEAUX,